诗说曹雪芹

陈伉 著

内蒙古人民出版社

图书在版编目(CIP)数据

诗说曹雪芹 / 陈伉著. -呼和浩特 : 内蒙古人民出版社, 2017.10

ISBN 978-7-204-15057-1

Ⅰ. ①诗… Ⅱ. ①陈… Ⅲ. ①曹雪芹(1715-1763)-人物研究②《红楼梦》研究 Ⅳ. ①K825.6②I207.411

中国版本图书馆 CIP 数据核字(2017)第 268694 号

诗说曹雪芹

作　　者　陈　伉
责任编辑　蔺小英
责任校对　郭婧赟
责任监印　王丽燕
封面设计　海日瀚
出版发行　内蒙古人民出版社
地　　址　呼和浩特市新城区中山东路 8 号波士名人国际 B 座 5 楼
网　　址　http://www.impph.com
印　　刷　内蒙古爱信达教育印务有限责任公司
开　　本　710mm×1000mm　1/16
印　　张　15
字　　数　140 千
版　　次　2018 年 5 月第 1 版
印　　次　2018 年 5 月第 1 次印刷
印　　数　1—2000 册
书　　号　ISBN978-7-204-15057-1
定　　价　30.00 元

绪　论

——兼谈红学与曹学之乱象

一

当我将此书奉献在你们手上的时候，我要自信地说：这本《诗说曹雪芹》，为研究《红楼梦》破解了五个至关重要的难题：

一、证实了曹雪芹生于康熙五十四年乙未（羊年），即公历1715年6月；死于乾隆二十八年癸未（羊年）十二月三十（除夕夜），即公历1764年2月1日。这一结论为红学界旷日持久的生卒年之争画上了句号。

二、厘清了曹雪芹是在26岁，亦即第二次被抄家之后不久，才开始决心以亲身经历的家族兴衰史为素材，撰写一部史诗式的传奇，时间是在乾隆四年（1739）后。《红楼梦》是在对《风月宝鉴》进行移花接木式的再创作的基础上，重新构思，经过五次重大修改，才得以完成的。

三、分析了小说为什么一开始不叫《红楼梦》，而且有好几个书名，后来又是在怎样的情况下确定《红楼梦》

这个书名的。

四、论证了脂砚斋是一个团队，其中大多数是曹雪芹身边最亲近的人。他们因《红楼梦》凝聚成一个小圈子，参与了小说的抄写、整理和评点。其中一个是主笔，是曹雪芹的结发妻子，她才是“脂批”第一人。

五、说明了曹天佑就是曹雪芹，天佑是他的乳名。

上述所有考证、论述都是建立在以曹雪芹自己的诗作及其至亲好友直接写他的诗歌为证据的基础上的。行文大体上按诗的写作时间为顺序，追踪他的生平事迹，这就排除了红学家们参考间接史料引出的诸多无端假想和猜测。可以说，在一些关键性的问题上，通过曹雪芹生平中的一些重要节点，为红学研究提供了可信度较高的证据。

所以，本书有两个重点章节：一是第一章对曹雪芹遗孀的《悼亡诗》的解读，二是第七章对曹雪芹题写于《红楼梦》第二回的回前诗的剖析。

二

曹雪芹对人类文明的贡献，也许只有莎士比亚、列夫·托尔斯泰可以与之相提并论。茅盾先生说：“世人艳称，历来研究莎士比亚的著作，汗牛充栋，自成一图书馆。这番话，如果移来称道曹雪芹及其不朽巨著《红楼梦》，显然也是合适的。”

据《清稗类钞》载，早在乾嘉之际，已有“红学”之名：“《红楼梦》一书，风行已久矣。士大夫有习之者，称为‘红学’。”[1]

当时，爱好《红楼梦》的文史学者，大多将目光盯在寻找小说中人物的原型上，此即所谓“索隐派”——或言写和珅家事，或言写明珠家事，还有说贾宝玉的原型是纳兰性德的……蔡元培、胡适等人因袭其说，习称之为“旧红学”。中华人民共和国成立后，学术界展开了对旧红学思想的批判，将《红楼梦》研究转到了主题思想的探究上，认为曹雪芹写这部小说的目的是为了揭露封建社会的腐败没落，主线是阶级斗争。这种认识成了压倒性的主流观点，但也有人认为其主线是宝黛之爱情悲剧，主张二元主题说。

研究一部文学巨著，自然离不开对其作者的了解。随着《红楼梦》的影响不断扩大，学术界对曹雪芹的生平事迹也开始产生极大的兴趣。清末民初，就作者是谁，奇谈怪论一大堆，或谓纳兰性德，或谓顾贞观，或谓“江南某孝廉”……中华人民共和国成立后，或许因为人们厌恶把探讨《红楼梦》创作意旨的学术争鸣变成意识形态领域里的阶级斗争，开始把精力和兴趣转移到了曹雪芹身世的考证上，于是衍生出了所谓的“曹学”。可是在这个领域内，情况比讨论小说主题还要复杂。尽管曹雪芹对人类文化作出了巨大的贡献，可是在我们的“青史”上，却找不到记录他生平事迹的片言只语。资料的极度缺乏，使得关于曹雪芹身世的所有探讨，都有截然不同的两种甚至多种说法——你说是“真”，总有人能找出若干理由证明是“伪”；你说是“伪”，又有人能找出若干理由证明是“真”。曹学犹如万花筒，稍微动一下，就会马上出现各种迥然不同、光怪陆离的景象。

更有甚者，有人因袭清末否认《红楼梦》的作者是曹雪芹的陈词滥调，不但要剥夺曹雪芹的著作权，甚至要剥夺他的生存权。抚顺市两个文史工作者，花了六年时间，证明根本没有曹雪芹这个人，“曹雪芹”这三个字只是某诗人的笔名。事情到了这种地步，夫复何言！情况似乎真的应验了曹雪芹在《红楼梦》第一回题写于“太虚幻境”的那副楹联：

假作真时真亦假，无为有处有还无。

三

在曹学研究中，最令人困惑的还不是对于文史资料解读的主观臆断，而是个别人的欺世盗名，伪造赝品。半个世纪来，最大的造假案有所谓“王冈曹雪芹画像”和“陆厚信雪芹先生像”。这两起造假案虽然后来被揭穿，证明是有人与古玩店联手搞鬼，为的是高价出售给河南博物馆。红学研究中的这一造假案虽然最终水落石出，真相大白，但大量的人力资源和社会资源却被浪费了。

还有一种造假来自个别学者，譬如书画家陶洙（字心如）[2]与文史学家周绍良合伙伪造脂批案。临摹是书法绘画的基本功，因此对于陶洙这样的书画家，制作一件赝品易如反掌。他们模仿抄本和脂批笔迹，伪造《脂砚斋重评石头记》十六册，高价卖给北京师范大学图书馆，学界通称为“北师大本”。陈林先生通过十多年的追踪调查和勘对笔迹，才终于使这起学术造假案的真相大白于天下[3]。

“重重公案结红楼”——这原本是清人感慨《红楼梦》及其作者之公案繁杂而纠结的诗句，用来形容当今红学与曹学之乱象，不也很恰当吗？

有红学家说：“《红楼梦》是这样一部作品——拿起来，就休想放下；红学是这样一门学问——钻进去，就不容易出来。新红学派曾把《红楼梦》比作‘梦魔’。”[4]在中外文学史上，这真是个有趣之至的现象。当曹雪芹在世的时候，颠倒错乱的社会抛弃了他。“都云作者痴，谁解其中味？”——围绕着他的身世以及这部举世无双的奇书的所有谜团，从某种意义上说，恰恰又成全了他。热衷于解谜，是人类自古以来就有的近乎本能的心理冲动。正因为此，红学和曹学始终是让一代又一代的红迷们永远着迷的话题。

更何况，《红楼梦》是曹雪芹在18世纪中叶创造的奇迹，它是社会的镜子、人生的画卷、艺术的明珠。《红楼梦》达到了一个新的艺术高峰，成为中华民族灿烂文化的象征。如果对这部伟大的现实主义绝唱及其作者不了解，就不能真正了解这个伟大的民族，也就不会明白中华文明风靡全球的缘由。因此之故，理应将研究《红楼梦》和探索曹雪芹的身世作为一项意义重大的科学事业。如果真对辉煌灿烂的中华文明还有一份敬意，准备涉足于红学和曹学，就不该信口雌黄，哗众取宠，更不该利欲熏心，欺世盗名。否则，如何对得起抱恨九泉之下的曹雪芹！

诗曰：

红学为田拙笔耕，
黄泉碧落拜亡灵。
芹溪居士频来访，
细说红楼不了情。

秉持这样的初心，我觉得与其困扰于文史资料的道听途说，以讹传讹，不如以曹雪芹至亲好友吟咏、追悼他的诗歌，和曹雪芹游离于《红楼梦》之外的诗为真凭实据，来探寻他生命的轨迹。奉献给读者的拙作，就是在这样一种思路的指导下完成的，希望能得到广大读者的认可和支持。

【注】

〔1〕《清稗类钞》：清代掌故传闻汇编。编者徐珂，字仲可，杭州人，光绪举人，《辞源》编辑之一。

〔2〕陶洙：近代画家，藏书家。

〔3〕详见腾讯《大家》专栏：《陶洙伪造“脂评本”》。

〔4〕见刘梦溪《红楼梦新论·自序》第1页，中国社会科学出版社，1982年。

目录

第一章　曹雪芹生卒年新证

曹雪芹　享年四十九岁

生于1715年（康熙五十四年乙未）

卒于1764年（乾隆二十八年癸未除夕夜）

对于大多数成就平平的古代作家，耗神费力地考证其生卒年，似乎没有多大必要；但是对于在文学史上贡献突出、影响深远的名家巨匠来说，只有厘清其生卒年，才能知道他生活在一个什么样的时代，历史背景对他的创作产生过怎样的影响。对于曹雪芹这样的伟大作家，他的家庭背景、社会活动，及其出生和辞世之时间，其重要性就更不必说了。

在与曹雪芹有关的所有历史文献中，关于他的生年一点线索都没有，所以只能由他的卒年和岁数逆推。可是关于他的卒年，向有壬午除夕与癸未除夕之争。壬午除夕，亦即乾隆二十七年，按公历则为1763年2月12日；如果是癸未除夕，是乾隆二十八年，而公历则为

1764年2月1日。主张“壬午”说的有胡适等人，唯一的依据是“甲戌本”[1]第一回“满纸荒唐言，一把辛酸泪。都云作者痴，谁解其中味!”一诗下方的一条眉批：

> 壬午除夕，书未成，芹为泪尽而逝。余常哭芹，泪亦待尽。每思觅青埂峰再问石兄，奈不遇癞头和尚何！怅怅！今而后惟愿造化主再出一芹一脂，是书何幸，余二人亦大快遂心于九泉矣。甲午八月[2]泪笔。

主张“癸未”说的有吴恩裕等人。吴恩裕的理由有二：

其一，除夕是个特殊的日子，雪芹死在这一天，作为曹雪芹的亲人，应该是不会记错的。吴恩裕认为，写这条脂批时，脂砚斋年事已高，记忆力衰退，事隔多年，将“癸未”误记为上一年的“壬午”，不是没有可能。况且署年本应为“甲午八月”，脂砚老人却将“八月”写成了“八日”，这也证明他的记忆力确实衰退了。

其二，曹雪芹的知交敦敏、敦诚在癸未年春，先有敦敏的《小诗代简寄曹雪芹》表明，敦敏曾邀请曹雪芹到家饮酒赏花；同年秋，敦诚又与雪芹在槐园会面，作《佩刀质酒歌》唱和（二敦的诗我们在后面再详述）。倘若雪芹壬午年除夕已死，二敦怎么能与一个死人见面呢？

对此，双方力辩日久，终无定论。

吴恩裕的观点是对的，可惜他的反驳没有击中要害。只需细心比较，就不难发现，“壬午除夕”这条脂批本身就有问题。另一个评红大家畸笏叟在丁亥年（1767）也有一条批语：

> 不数年，片溪、脂砚、杏斋诸子皆相继别去。今丁亥夏，只剩朽物一枚，宁不痛杀！

丁亥年是乾隆三十二年。此批说明，在雪芹于1764年初去世不久，脂砚斋也随之而去，怎可能在雪芹死后十年再来评点《红楼梦》呢？可见，“壬午除夕”这条批语系年确实有误。

然而，争论并未因此而终结。1992年7月，红学家冯其庸撰文介绍了在北京通县发现的曹雪芹坟墓和墓碑。冯先生说：“我经仔细鉴别，并与有关资料相对证，认为这块墓石是完全可靠的，是曹雪芹死后留给我们的一件珍贵遗物。”冯其庸还引用书画名家唐云的话说，这“是所有碑石中最珍贵的一件，是无价之宝”，“有人说它是假的，那是因为他不懂，不必与他争论”。

按干支纪年法，乾隆二十八年有两个春节，一个在公历 1763 年 2 月 12 日（壬午年腊月三十），一个在 1764 年 2 月 1 日（癸未年腊月三十）。午夜一过，便进入甲申年了。所以民间有“一夜连双岁，五更分二年”的说法。

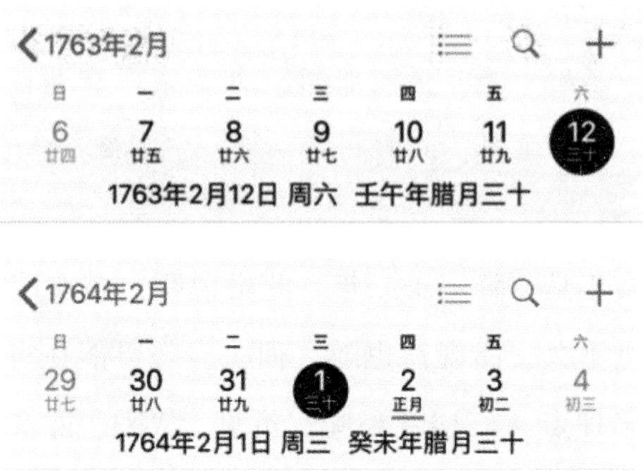

上网查万年历，壬午年的春节都是公历 1763 年 2 月 12 日，没有分歧。可是对癸未年的春节，有的万年历说是在公历 1764 年 2 月 1 日，有的说是在 1763 年 11 月 30 日，但按农历，则都标作岁在癸未，即乾隆二十八年。所以说，曹雪芹逝世于癸未年除夕夜，实质上并没有多大区别。

到了 1963 年，文化部、文联、作协、故宫博物院联合举办“曹雪芹逝世二百周年纪念活动”。期间，生卒年之争几乎成了中心议题。不管是持壬午说的，还是持癸未说的，除了墓石这个新证据，双方都没有找到更多的

证据。而以往那些被反反复复、左支右绌地用来支持论点的证据，几乎可以说都是旁证。我不明白，本来极具说服力的人证和物证，即曹雪芹的继室和她的《悼亡诗》，那么多红学家为什么视而不见呢？原来他们谁也没有读懂诗中关键的一句——“乩诼玄羊重克伤”！

一个人的生卒年，亲属朋友有可能记错，但母亲和妻子一般不会记错。对于曹雪芹也一样，别人的记述如果存在歧义，那么，只有他的妻子的言辞才是胜于雄辩的铁证。

可是这里有个问题：如若以雪芹的续弦芳卿的《悼亡诗》为证据，前提必须是她在丈夫停尸待葬时写下的《悼亡诗》是真实不虚的。只有确立了这个大前提，下面的论述才有意义。关于这个大前提的确立，我们在第二章将会详细论证。对于全诗的详细解读，我们也留待下一章再说，现在单讲关系到生卒年的第二句“乩诼玄羊[3]重克伤”，因为讲清楚了这一句，曹雪芹的生年、岁数也就清楚了。

公元 1764 年 2 月 1 日，也就是乾隆二十八年癸未除夕之夜，曹雪芹溘然长逝。与他患难与共、厮守晚年的续弦芳卿悲痛欲绝，写诗曰：

不怨糟糠怨杜康，乩诼玄羊重克伤。

睹物思情理陈箧，停君待殓鬻嫁裳。

织锦意深睥苏女，续书才浅愧班娘。
谁识戏语终成谶，窀穸何处葬刘郎？

先说扶乩。这是自古有之的一种请神法，内容几乎无所不有，或请神仙预言，或与亡灵对话，或预卜吉凶……芳卿说，有一次，雪芹和她扶乩请神，沙盘上出现了几句不祥的预言，说属羊的人遇羊年有劫难。属羊的人出生于未年，地支“未”在五行中为土，而克土者，木也，所以要特别警惕象征“木”的地支寅月和卯月，即农历正月、二月，届时“土”羊受克。我们已经知道，壬午年的除夕偏偏是在癸未年春天。属羊人逢癸未年，适逢流年太岁。年庚若与值年太岁相同，民间称为犯太岁。按照《十二主星宿歌诀》的说法：“太岁当头有灾祸，刑冲破害鬼推磨。流年若还逢忌神，头破血流难躲过。”因此，属羊的人遇羊年必定百事不顺，多灾多难。查万年历，癸未年春节前立春，象征草木旺盛，又值木月临头，五行之“土”羊重重受克——这就是“玄羊重克伤”的意思。这里属羊的人会是谁呢？除了指曹雪芹，再无他人。再按其卒年癸未往前推，60 岁之内的未年生人各为 13 岁、25 岁、37 岁、49 岁。前三者自应排除，剩下的只有 49 岁的人符合这一条件。因此可以肯定，曹雪芹生于康熙五十四年（1715）六月，岁在乙未，卒于乾隆二十八年十二月，岁在癸未，享年 49 岁又 6 个月。

对这一诗句的解释，我想读者不会无聊到去纠缠这是“迷信”，因而认为不足为凭吧？因为我们是在通过这句诗证明一个事实：曹雪芹属羊，且死于羊年，即癸未年，而不应该偷换概念，去讨论这是不是“迷信”。

许多红学家之所以读不懂这句诗，是因为他们大概谁也没涉猎过传统术数中的“四柱八字”说。所以，他们对这句诗不是避而不谈，就是支吾搪塞，有的甚至站在无神论的立场，讨论曹雪芹夫妇是不是在讲迷信。比如吴恩裕说：

> 根据“乩诼玄羊重克伤”和“谁识戏语终成谶”这两句诗，事情大概是这样：雪芹生前——即他的儿子未死之前，他们夫妇两人可能搞过什么扶乩、占卦、抽签之类的玩意儿。他们看到了那扶乩得出的乩语或抽签中的话，说在“玄羊”年将有“重克”这类迷信的预言。他们夫妇看了这个预言后，彼此曾经开玩笑地说：“这谶语别真成为事实，那可就糟了！”谁知它竟“应验”了：儿子死后，这位“子夏”（指雪芹）不幸也逝世了！当然，在雪芹反对迷信、芳卿也不会迷信的前提下，所谓“应验”，在芳卿思想中不过只是巧合而已。[4]

研究问题，最大的失误是“脱靶”。曹雪芹的生年和卒岁的“靶心”，“踏破铁鞋无觅处”，现在好不容易摆在了眼前，只因为认为“四柱八字”是迷信，便对“靶心”视而不见，反面讨论起曹雪芹夫妇讲不讲“迷信”来，于是乎下笔千言，离题万里——真让人惋惜。

破解了雪芹的卒年悬案，就不难推算其生年了。不过在这一问题上，也有两种不同说法。周汝昌在《红楼梦新证》第五章《雪芹生卒与红楼年表》中指出：“胡适的说法，因材料的发现，也屡经修改，过去的就不用赘述，单说最后的定论，是曹雪芹生于康熙五十七年（1718）而卒于乾隆二十七年（1762），享年 45 岁。……我的看法却两样：我以为我们应该相信敦诚的记录，而按 40 岁的年寿，把雪芹生年推为雍正二年（1724）。”这两种说法所依据的是同样的两句诗。

雪芹去世的第二年，敦诚在《鹪鹩庵杂记》中，写诗二首以悼念好友，后来合并为一首，诗题皆名《挽曹雪芹》（详见下面第三章第八节“长歌当哭”）。底稿和改稿的首句一为“四十萧然太瘦生”，一为“四十年华付杳冥”。周汝昌认为，既然明言“四十”，其生年则为 1724 年无疑。其实胡、周二人都错了。曹雪芹的年寿是 49 岁。

首先，不少红学家在确定曹雪芹的卒年时，不经意间，往往忽略了农历年的除夕夜，子时一过，实则已进入下一年了，但在历史年表中写的仍然是前一年。比如乾隆二十八年癸未除夕，在公历是1764年2月1日，但历史年表仍然写成“1763年”。胡适犯的就是这样的错误——还停留在历史年表上。

另外，胡适认为，雪芹如果生得晚，就赶不上曹家“钟鸣鼎食、饫甘厌肥”的繁华，所以要在“四十”上再加五年，推断雪芹生于1717年。周汝昌对此提出两个理由予以反驳。他说：

> 第一，如雪芹真个活了四十五岁，敦诚为什么不写成“四五年华付杳冥”而非作“四十”不可呢？……
>
> 第二，假如雪芹真个生于康熙五十六年，则到雍正六年曹氏落职籍家北返时，他已十一岁……也该把南京和沿路情形记个清清楚楚。但雪芹书中于此二者，连正面一笔都没有，足证他并不记得……[5]

无论是40岁说，还是45岁说，依据都是“四十年华付杳冥”“四十萧然太瘦生”这两句诗。实际上，他们都误解了这两句诗的真实含义。至于如何正确解读这两句诗，我们在第三章里再说。倒是吴恩裕提到的张宜泉的诗注可以佐证雪芹享年49岁，可惜他对此没有展开论述。张宜泉有一首七律《伤芹溪居士》（详见第四章），作者于题下自注曰："其人性放达，好饮，又善诗画，年未五旬而卒。"试问，在哪个年龄段上才可以说"年未五旬"？只有对年近50岁的人才可以这样说吧？这不正好可以说明雪芹享年49岁吗？

倘若说，所有这些，都是依据文献史料所作的合乎逻辑的推论的话，那么权威性的证据便是曹頫与康熙频繁往来的奏折与圣旨。

康熙五十一年（1712），曹雪芹的祖父曹寅病故于江宁（即今南京）织造任上，长子曹颙奉旨继任，时年19岁。未满三年，即康熙五十四年（1715），曹颙也不幸病逝，其弟曹頫给康熙上奏折说：

> 奴才之嫂马氏，因现怀妊孕，已及七月，恐长途劳顿，未得北上奔丧。将来倘幸而生男，则奴才之兄嗣有在矣。本月初二日奴才母舅李煦前来传宣圣旨，奴才母跪聆之下，不胜感泣，搏颡流血，谨设香案，望北叩头谢恩。

曹頫本是曹寅胞弟曹宣的儿子。奏章上呈后，康熙降旨让他过继乃伯，承祧袭职，并收养曹颙的遗腹子，是为雪芹。

曹寅的独生子曹颙是个"文武全才之人"。康熙曾对他寄予厚望，不幸的是，他继任织造不到三年即病逝。为让曹寅后继有人，康熙降旨命曹寅弟曹宣四子曹頫过继，承袭江宁织造，同时收养曹颙遗腹子以继香火。而且根据曹頫于康熙五十四年（1715）三月初上的奏折，说曹颙遗孀马氏怀孕已有七月，则遗腹子当生于六月无疑。

雪芹诞生的时候，恰逢久旱而雨，因此取名“霑”，乳名“天佑”，号雪芹、芹溪。取名为“霑”，出自《诗经·小雅·信南山》瑞雪兆丰年的句义：“既优既渥，既霑既足，生我百谷……中田有庐，疆场有瓜，是剥是菹，献之皇祖，曾孙寿考，受天之祜。”“霑”为浸润、沾湿的意思，这样就把“霑”与“天祜”直接联系起来，且有暗喻“皇恩浩荡”的意思。

关于曹雪芹乳名“天佑”，有必要对红学界的另一种说法予以辨析。

红学家冯其庸历时三年考订的《五庆堂重修辽东曹氏宗谱》，其中的一个发现就是曹颙的遗腹子是曹天佑，而不是曹雪芹。他说：

> 《五庆堂谱》明载：“十三世。颙，寅长子，内务府郎中，督理江宁织造。诰封中宪大夫，生子天佑。”在“十四世”下载：“天佑，颙子，官州同。”这样，曹天佑是曹颙的遗腹子

这一点就确定无疑的了，因而也就排除了曹雪芹是马氏遗腹子之说。

首先，冯其庸在这里犯了一个逻辑性的错误。据史料记载，曹颙19岁继任江宁织造，21岁即病故，平生只有一子。如果曹颙的这个孩子是曹天佑，而不是曹雪芹，那么他的遗孀马氏所怀的孩子也就不应该是曹雪芹。那前面所说雪芹诞生时所取名号该如何解释？

其次，冯先生在这里还犯了一个常识性的错误。众所周知，从来就没有"女人的遗腹子"这种说法，可是他却偷换概念，用"马氏遗腹子"否定曹雪芹是曹颙的遗腹子。那么请问：曹颙去世时，马氏已怀孕七月，腹中的孩子不是曹颙的，会是谁的呢？

至于为什么曹雪芹在家谱中不见名，家谱的收藏人曹仪策说得很明白：

祖辈相传，是因为曹雪芹写了《红楼梦》，封建时代认为这是坏书，因此把曹雪芹当作忤逆不孝一样来对待，所以不收入宗谱，也就是不再承认他是曹家的子孙。

不收入家谱，不等于曹雪芹不存在。乳名向来不外传，只有宗族中人知道。于是，修谱的族人采取了一个瞒天过海的办法，以“天佑”取代“雪芹”，将“曹天佑”作为曹颙之子——这也没什么错误。曹雪芹本来就是曹颙的儿子——在家谱中挂个虚名，既遮遮掩掩地承认了雪芹就是曹家的后人，又避免了因直书其名而引火烧身。这样做既符合事实，又瞒过了外人。如果因此像冯其庸那样，硬把同一人一分为二，一个叫曹天佑，一个叫曹雪芹，岂不荒唐？

总而言之，我们将曹雪芹的生年定为公元 1715 年（康熙五十四年乙未），卒于乾隆二十八年癸未除夕，即公历 1764 年 2 月 1 日，享年 49 岁，应当说没有什么错误。

幸运的是，这一结论，有位法号为善来禅师的僧人也做出了基本相同的论证，而且还推算出了曹雪芹出生的年、月、日。现将其文缩写如下：

曹雪芹诞辰是六月初三日，依据是：

> 曹雪芹是羊年生人，生于康熙五十四年（公元 1715 年）农历六月初三日。羊年仙逝，卒于乾隆二十八年（癸未年）除夕日（公元 1764 年 2 月 1 日）。此为定论：……有金刚般的证言，无须再议……
>
> 曹雪芹居士之生日是如何推算出来的？
>
> 1. 铁证之一是曹頫给康熙皇帝的奏折：

"奴才之嫂马氏，因现怀妊孕，已及七月。"

2. 曹頫奏折的落款是"三月初七日"……按当年农历三月初七日起计算（作者在此有一番详尽的计算，兹不引录），至其出生之日，满280天，正合所谓"十月怀胎，一朝分娩"之日：即当年农历的六月初三日〔6〕。

【注释】

〔1〕甲戌本：这是曹雪芹去世四年后的《石头记》抄本，只存十六回，胡适在上海购得，后来将其带到台湾，习称"脂残本"。它把许多"庚辰本"中系年丁亥的眉批改头换面地变成了回前回后的总批，有的批语还被删并。

〔2〕甲午八月：此处原文为"甲午八日"，"八日"显为"八月"笔误，且"甲午"亦似有误，一说应为"甲申"。

〔3〕玄羊：有黑色的、北方的、冬天的羊等多层含义。

〔4〕引文见吴恩裕《曹雪芹佚著浅探》第33页，天津人民出版社1979年版。

〔5〕引文均见周汝昌《红楼梦新证》，棠棣出版社1953年初版。以后凡引述周文，均出自此书，不再逐一加注。

〔6〕六月初三日：善来禅师是因袭"十月怀胎，一朝分娩"的常规，按万年历推算曹雪芹的生日。确切的出生日期容或差错二三日，但其月份大致不会有误。

第二章　不怨糟糠怨杜康

【地点：北京西郊白家疃　时间：1764 年

（乾隆二十八年除夕）】

1978 年，曹雪芹晚年使用过的两个书箱的发现，轰动一时，成了红学界的一件爆炸性新闻。经过吴恩裕先生锲而不舍地探访、考查，终于弄清了整个事情的来龙去脉，并将其精心考研的成果公之于世，翘首以待的红学家和《红楼梦》爱好者始得一饱眼福。

1977 年 10 月，吴恩裕风闻北京张家有两个红松木的旧书箱，上面刻着与“芹溪处士”有关的诗文。据收藏者说，他们的祖辈曾嘱咐，这两个书箱是朋友的遗物，一定要世代珍藏。到 1978 年初，吴恩裕亲自去看这两个书箱时，除正反面的图文外，还在第二个书箱外的左侧下方，发现刻着一个小小的“于”字。稍后，吴恩裕又请一位研究木质年代的专家鉴定，认为书箱确实是 200 多年前的东西。再者，从书箱正反两面的笔迹和文字内容来看，也都可以证实是曹雪芹的遗物。

书箱上的图文到底是什么样的？我们先来看照片，然后再作说明。

这是两个书箱的正面图文，各刻一丛兰花。上一书箱落款为：

抽笔写兰

上端刻有日期：

乾隆二十五年岁在庚辰上巳

在落款与日期之间，是两行小楷诗句：

清香沁诗脾　花国第一芳

下边的书箱所绘兰花下有一瘦石，上面题图文字为：

题芹溪处士句

并蒂花呈瑞　同心友谊真

一拳顽石下　时得露华新

上边的书箱的背面，有一处是用墨笔写的工整的五行楷书：

为芳卿编织纹样所拟诀语稿本

为芳卿所绘彩图稿本

芳卿自绘编锦纹样草图稿本之一

芳卿自绘编锦纹样草图稿本之二

芳卿自绘编锦纹样草图稿本

另一处是涂改过的娟秀的行书七律：

不怨糟糠怨杜康　乩诼玄羊重克伤[1]

睹物思情理陈箧　停君待殓鬻嫁裳

织锦意深睥苏女　续书才浅愧班娘

谁识戏语终成谶　窀穸何处葬刘郎

现在问题来了——这是前章和本章全部论证的大前提，如果这个前提不成立，所有的论述都是废话。问题是：

1. 这两个书箱有何来头？如果是别人送的，是谁送的？为什么要送两个书箱？

2. 芳聊何许人也？她与雪芹是什么关系？

3. 书箱上的诗反映了雪芹晚年怎样的生活状况？

综合各家的考证与诠释，其中的故事，可以简述如下：

公元1758年秋，曹雪芹有过一次南京之行。

曹家三代世袭江宁织造达五十余年。所谓“织造”，职责虽然是为皇室织造衣料，采办日常生活用品，暗地里却是皇帝侦查吏治民情的耳目。因此，虽然官级不高，却深得皇帝信任。应当特别指出的是，曹寅的母亲孙氏是康熙的保姆，曹寅更是“呼吸通帝座”，可以专折上奏，富贵尊荣，显赫一时。

曹寅死后，康熙恩准曹頫过继，承袭织造重任，扮演同样的角色，仍旧是康熙的“秘密特工”。然而，当雍正在争夺皇位的恶斗中胜出后，便对乃父的宠臣实行大清洗。首先倒霉的是曹寅的内兄李煦，他因在苏州织造任上的巨额亏空而被抄家。雍正将其家口仆役赏赐给拥戴有功的年羹尧为奴。接下来，曹家自然也难逃厄运。雍正五年（1727），曹頫被革职抄家。次年，曹頫携带家

眷离开南京，迁居北京。到了1758年，虽然事隔30余年，江南毕竟还有许多亲朋好友，世俗杂务。雪芹回乡访旧，亦在情理之中。此次南行，雪芹要拜访曹家诸多故交自不待言，他还到过南京、扬州、镇江等地。据与他交好的沈家后人说，当雪芹取道镇江，行到瓜洲古渡口时，因风云突变，封江停航，被阻江北，滞留瓜洲镇月余，沈家延之为上宾。临行前，雪芹曾作画《天官图》，留赠主人。更重要的是，雪芹的这次南京之行，盘桓将近一年，带回了一位名叫“芳卿”的继室。书箱一事，与此有着直接关系（有红学家说，雪芹的此次南行，曾于两江总督尹继善府上为幕僚。此说尚在争议中，本书不予涉及）。

据说，雪芹发妻于乾隆二十三年（1758）左右，因产后患病而殁，留下一幼子，寄托在亲友家中。雪芹这次回乡，再续一位金陵故人，自在情理之中。

这位继室夫人名杜芷芳，常州人。家母顾氏，据说是顾炎武的后人。古代诗文中常常将“芷兰”并举，如《荀子·宥坐》曰：“且夫芷兰生于深林，非以无人而不芳。”这样看来，书箱制图为什么要绘兰花，又为什么昵称“芳卿”，也就顺理成章了。而这也与雪芹的风流雅趣十分契合。

以上是吴恩裕的说法。他用的是推理法，并没有提出任何证据。

红学界还有一种说法，认为雪芹继室是李煦的孙女，名叫李兰芳。雪芹朋友诗中曾提到“扬州旧梦”及“秦淮旧梦”，指的就是曹雪芹与表妹李兰芳的悲欢离合。光绪二十九年（1903），齐白石一位旗籍朋友透露：“曹雪芹娶李氏寡居的表妹……没多久，雪芹死了，她又孀居，伶仃孤苦，在人家帮佣为生。”

诚然，这也是一种猜测，但比吴恩裕的说法可信。

不管怎么说，乾隆二十五年（1760）三月，雪芹南游归来，续弦再婚。朋友们当然要为他贺喜。于是，曾经受惠于他的风筝传人于叔度〔2〕特意制作了两只书箱以表心意。这就是在第二个书箱外的左侧下方会刻上一个小小的“于”字的缘由。

至于书箱上的兰花、落款、题词到底出自何人之手，红学家们非要一一坐实，这既不可能，也无必要。合情合理的推测大概是这样：朋友们在征得雪芹和芳卿的同意后，觉得雪芹既然此时正全身心地倾注在《石头记》和《废艺斋集稿》〔3〕的创作上，现在有红颜知己协助，制作两只书箱供其收藏书稿，不是最好的礼物吗？至于刻什么图，题什么字，也是大家商量后共同决定的。所以，对其过程和细节大可不必徒劳无益地去考证，而《题芹溪处士句》和芳卿的《悼亡诗》才是真正值得重点关注的。

先说《题芹溪处士句》。

解读这首诗的难点首先是应该如何正确理解诗题。换句话说，诗是题写者的自创呢，还是此五绝系雪芹的原诗？

按照惯例，赋诗写某人某事，一般会命题为《题××》；如果是抄录他人的诗送人，则题为《题×××诗》。这可以从古人诗词中找出许多例证，在此恕不赘述。用心揣摩题目《题芹溪处士句》的含义，则应是转录芹溪处士之诗句的意思。可见，这四句诗是从雪芹的诗中摘取出来的，或者是集雪芹诗句并稍有改动而成。重要的是，我们从雪芹的这四句诗中可以读出更多的内容：

首先，“并蒂花呈瑞，同心友谊真”显然是祝贺雪芹续弦之喜，同时“并蒂花”一语双关，既描写兰花，也暗喻喜结连理。钱谦益当年与柳如是成亲时，就曾赋《咏同心兰四绝句》云：“并头容易共心难，香草真当目以兰。”这与雪芹续娶芳卿颇为相似。

其次，“一拳顽石下，时得露华新”不但点明了雪芹的个性和癖好，而且生动地描述了“兰花”在“顽石”之露水的滋润下，必将生机盎然。我们知道，曹雪芹一生对石头情有独钟，不但爱石、画石，连《红楼梦》最初也是以《石头记》命名。现在拿来比喻雪芹与芳卿喜结同心，真是再恰当不过了。

明白了这一点，夹在署名“拙笔写兰”和时间落款“乾隆二十五年岁在庚辰上巳”之间的两行小字“清香沁诗脾，花国第一芳”的寓意也就显而易见了。因向有“兰为国香”一说，所以这两句诗明里歌咏书箱上的两丛兰花，实则是在赞美芳卿。

我们在剖析曹雪芹夫妇共同使用过的这两个书箱时，应当聚焦在芳卿的那首《悼亡诗》上。如果朋友们贺婚是在乾隆二十五年上巳，即 1760 年三月初三，《悼亡诗》作于乾隆二十八年癸未除夕雪芹逝世，那么就是说，她与雪芹一起生活了不到四年。这首悼亡之作，既是她对雪芹晚年生活境况的概述，也透露了雪芹的死因，因此值得我们认真解读。

诗写在上一书箱的背面。从其涂改凌乱的笔迹，可以看出作者当时因悲痛过度而难以平静的心境。尽管如此，与丈夫一起生活的情景历历在目，于是她只求传情达意，对平仄对仗、合律与否一概不顾，读之却句句令人鼻酸。

不怨糟糠怨杜康——

众所周知，“糟糠”是比喻患难与共的妻子。芳卿说，不要怨我这糟糠之妻没照顾好他吧，只能怨那“杜康”夺走了他的性命啊！我们知道，敦诚在雪芹去世后的第二年作《挽曹雪芹》一诗，在“肠回故垅孤儿泣”一句下，作者自注云：“前数月，伊子殇，雪芹因感伤成疾。”说明雪芹因痛心爱子夭折，已然患病。敦诚又说：“一病无医竟负君”，说明他对朋友生病没有及时予以医治，愧疚难当。但是，这都不是雪芹致死的原因。我们同样知道，雪芹是个嗜酒成癖的人。敦诚在《佩刀质酒歌》中说雪芹喝起酒来“一斗复一斗”，直至“肝肺生角芒”，才会“大笑称快哉”。想必这次虽然生病，在普天同庆的除夕之夜，想起夭亡的爱子，悲痛中索酒浇愁，孰料一命归天。这就是“不怨糟糠怨杜康”的真实含义吧。

乩诼玄羊重克伤——

在第一章中，我们对此句已有详解。总之一句话，乩仙预言属羊的人即雪芹一旦在本命年遇木月，重重被克，将有大难。果不其然，雪芹因酒死于癸未羊年的除夕之夜。

首联两句原作“丧明子夏又逝伤，地坼天崩人未亡”，虽然后来被涂改了，但其中透露出来的情况，我们不应忽略。首句用的是孔子学生卜商的典故。卜商字子夏，“孔门十哲”之一，以文才著称，晚年因丧子哭瞎了双眼。这样的典故与雪芹颇为相似，大概因雪芹并未失明，觉得不妥，因而涂掉了。第二句说的是作者自己：丈夫一死，对于她来说，无异于天崩地塌，自己成了“未亡”的寡妇，能不五内崩摧？

吴恩裕在解读这两句时，竟然不知道“丧明子夏”的典故，说雪芹之子“前数月死去，雪芹因痛子之殇，亦即所谓‘丧明’，自己也病了……这位‘子夏’不幸也逝世了”。按理说，作为一个文史功底颇深的学者，这样有名的典故，不应该不知道呀！

睹物思情理陈箧——

“陈箧”自然是指书箱。她在整理书箱中与丈夫共同编写的“编锦纹样稿”时，目睹物是人非，禁不住黯然神伤。

停君待殓鬻嫁裳——

亡人还停放在那里，等待殓尸，却连寿衣都没有，她只好变卖自己的嫁妆来办理丧事。颔联这两句原作“才非班女书难续，义重冒……”，没有写完就涂掉了。前句措辞稍微改动后，移到了颈联末句。值得注意的是“义重冒……”这半句。熟悉清代文坛掌故的读者，读到这里，自然而然要想起冒辟疆与董小宛的凄婉艳情来。所以按照律诗对仗的要求，与“才非班女”对举的应当是“义重冒郎”。可是作者大概想到董小宛毕竟是青楼中人，觉得不妥；再者，“停君待殓”也不是“谈情说爱”的时候，因此没有把这一句写完就勾掉了。

织锦意深睥苏女——

在文学史上，有苏蕙（字若兰）用织锦回文感动丈夫，与丈夫重修旧好的故事。苏蕙是前秦时期的才女，嫁予安南将军窦滔为妻。窦镇襄阳，带宠姬赵阳台赴任，若兰织锦成回文诗《璇玑图》，循环旋转而读，遣苍头送襄阳。窦滔感其情深诗妙，遂礼迎若兰，恩爱如初。芳卿在整理她与丈夫绘制、编写的织锦书稿的时候，不由想起这个故事来。她说，我和夫君绘编锦纹图，同样情意深长，但我们是为了使这一工艺得以传承，不是像若兰那样因失宠而悲伤。所以，她有些看不起这位历史上才情双绝的女子。“睥”是傲视和厌恶的意思。因此，不应该像吴恩裕那样解读成“我对雪芹你的情意，比那会织锦的苏蕙对窦滔还要深哩”![4]

续书才浅愧班娘——

“续书”是指接着写《红楼梦》。“班女续书”典出班昭续《汉书》。班昭，东汉扶风安陵（今陕西咸阳东北）人，史学家班彪之女、班固之妹。班固著《汉书》，未竟而卒，汉和帝诏班昭入东观藏书阁续书，她是我国历史上第一位女史学家。芳卿悼念亡夫，虽然在前联引用此典又将其勾掉，这一次重又拈出，说明《红楼梦》在她心目中的分量有多么重。她深知，雪芹书未尽而逝，不啻是遗恨千古的缺憾。但是她觉得自己没有班昭那样的才能，难以完成续写《红楼梦》的重任，因而深感

愧疚。

谁识戏语终成谶

窀穸何处葬刘郎——

末联两句应当放在一起解读。想必夫妻二人在雪芹生前闲聊时，曾就雪芹嗜酒一事，谈起过刘伶纵酒傲世的轶事。据《世说新语》载："刘伶病酒，渴甚，从妇求酒。妇捐酒毁器，涕泣谏曰：'君饮太过，非摄生之道，必宜断之。'伶曰：'甚善。我不能自禁，唯当祝鬼神自誓断之耳。'"妇供酒肉于神前，请伶发誓。伶发过誓，照样饮酒食肉，不一会儿便颓然大醉矣。朋友也屡屡将雪芹比作刘伶，说"鹿车荷锸葬刘伶"。昔日，夫妻俩借古喻今，大概也说过与此相仿的玩笑话。如今，面对"停君待殓"的残酷现实，她说："谁能想到，从前的戏语，居然成了不祥的预言。然而，哪里才是埋葬你的墓穴呢？"

倘若对比一下初稿和定稿，可以发现被涂掉的原句，就格律而言，较为合乎平仄对仗；定稿反而不管这些了。《红楼梦》中，曹雪芹借林黛玉之口说过："若是果有了奇句，连平仄虚实不对都使得的。"在千家万户喜气盈门的除夕之夜，自己的丈夫却撒手而去，芳卿痛不欲生，写诗悲悼亡人，只求传情达意，哪还有心思去考究什么韵律！

总而言之，雪芹继室写的这首《悼亡诗》，为我们考证曹雪芹的生卒年，追寻这位盖世奇才的晚年事迹，提供了许多真实可靠的原始材料。这样的诗，无论从内容上还是从情感上，要想作伪，几乎是不可能的。

【注释】

〔1〕“玄”字原无最后一“丶”，显然是为避康熙名“玄烨”讳。

〔2〕于叔度：名景廉，雪芹在南京时的故人。于叔度从军伤足，旋居京师，人称“于瘸子”。据《南鹞北鸢考工志》雪芹自序云：一年春节前，于去西郊看他，说家中已三日无食，儿女绕膝，求死不得。雪芹心想，即便“倾囊以助”，亦无补于事，于是留其住下，传授扎糊风筝之术。后来叔度登门致谢，说他没有想到此术竟能养家糊口而有余。雪芹于是作《南鹞北鸢考工志》，使“今之有废疾而无告者，谋其有以自养之道也”。于因此遂成乾隆时北京著名风筝艺人。

〔3〕《废艺斋集稿》：曹雪芹著，共八册，包括印刻、编织、园林、风筝、烹调、脱胎工艺、印染等，现仅存《南鹞北鸢考工志》残文。雪芹迁居西山后，受于叔度以一技之长脱贫的启发，一边批改《红楼梦》，一边为无以谋生的残疾人编此专著，使其自救。

也有人对《废艺斋集稿》和于叔度脱贫事提出异议，但如无过硬的证伪材料，存疑可也。

〔4〕以上引文均见吴恩裕《曹雪芹佚著浅探》第二篇。

第三章　敦敏、敦诚与曹雪芹

诗说曹雪芹

曹雪芹一生中的朋友大多是北方人，其中与他过从甚密的当属敦敏、敦诚兄弟和张宜泉三人，而记述雪芹生平事迹的史料主要来自敦氏昆仲的诗文笔记，因此对敦敏、敦诚的生平及其著述应该做一简要介绍。

一、敦氏昆仲简历

爱新觉罗·敦敏，生于雍正七年（1729），卒于嘉庆七年（1802），享年 74 岁，字子明，号懋斋，是清太祖努尔哈赤第十二子英亲王阿济格的五世孙，理事官瑚玐的长子。少时就学于家塾，16 岁与敦诚一同进右翼宗学，27 岁在宗学考试中与敦诚同列优等。29 岁在山海关协助父亲管理税务，后又去锦州做税务官，不久回北京闲居。37 岁授右翼宗学副管，47 岁升总管，时在乾隆四十年（1775）。55 岁（乾隆四十八年）因病辞官，隐居北京太平湖畔槐园。

敦敏先祖阿济格与多尔衮、多铎为一母同胞，身份显赫。努尔哈赤死后，阿济格在争夺皇位的斗争中失败，被削爵赐死。敦氏的皇室宗籍虽然在乾隆朝恢复，然权势俱失，境况已非昔比。

曹雪芹的高祖曹振彦原为阿济格的部下，可见曹家和敦氏渊源甚深。

敦敏热衷功名，刻意仕进，无奈终生郁郁不得志。当他已是 67 岁的老人那年，一次与堂弟宜兴[1]在通州联床夜话，感慨赋诗云：“羡君有志家声远，老我无才旧业荒。”

敦敏因病辞官后，住在父亲给他留下的槐园。当年槐园颇有林壑之胜，二敦经常与诗朋酒友在此聚会宴饮。其弟敦诚曾有诗这样描述曰：“砧杵千家月一钩，酒人连裾坐林邱。”

敦敏传世之作有编年诗集《懋斋诗钞》手稿本。集中诗作起于乾隆二十三年（1758），终于乾隆二十八（1763），只包括这 5 年间的作品。按其生卒年，此前 20 多年以及此后 30 多年间，不可能没有诗作。《熙朝雅颂集》就收有他的诗 31 题 35 首，说明《懋斋诗钞》仅其部分作品。

《懋斋诗钞》直接写曹雪芹的诗共 6 首，对雪芹在北京市区和迁居西山后的生活状况与交游踪迹，都有生动的描写。

敦诚，生于雍正十二年（1734），卒于乾隆五十六年（1791），字敬亭，号松堂，别号慵闲子，敦敏胞弟。5岁在家塾就读，10岁进右翼宗学，15岁过继给叔父宁仁，且从叔父月山[2]先生学文史。敦诚天资聪慧，敏而好学，月山曾将他与乃兄敦敏比之于晋代陆云、陆机兄弟。敦诚去世后，敦敏在为他写的《敬亭小传》中也说："执经问难，为师长所期许。"22岁，敦诚在宗学考试中与敦敏同列优等，得到了乾隆的"恩赐笔墨"。乾隆二十二年（1757），其父管理山海关税务，敦诚受父命分司喜峰口[3]松亭关税务。又二年，瑚玐革职，敦诚随父回京闲居。乾隆三十一年（1766），敦诚被补入宗人府笔帖式[4]，旋授太庙献爵的职务。

与敦敏不同，敦诚无意仕途，性情恬淡，自谓"但得多钱压酒囊，不愿人间好官职"。40岁时，敦诚即隐居于父亲给他留下的西园，又修建梦陶轩、拙鹤亭、宜闲馆等景观，一时间成了清宗室，如复斋、寅圃、紫树、永忠等人高谈畅饮、吟风弄月的聚会场所，自然也是曹雪芹经常造访的去处。

作为清王朝的八旗子弟，敦敏、敦诚兄弟二人没有沾染八旗子弟的那种游手好闲、走马斗鸡的恶习，更像是以琴棋书画、诗酒啸傲为情趣的汉族文人。况且敦诚为人重情重义，古道热肠，除在他的诗集《四松堂集》中有多首诗直接写雪芹之外，在其书信、杂记中也曾多次提到雪芹。这些诗文对探讨曹雪芹的生平事迹极具价值。

敦诚的传世著作主要是《四松堂集》，但此集并未收入他的全部诗作。较好的本子是北京大学图书馆藏的眉端注明年代的《四松堂集》的底稿本。集中收诗二册，《鹪鹩庵笔麈》文二册。

后来，吴恩裕又发现《四松堂诗钞》残抄本，有诗259首；《鹪鹩庵杂诗》，其中保存有《四松堂集》未收诗29首。

《四松堂集》嘉庆刻印本则又不同。刻本共五卷：卷一、卷二诗281首，卷三、卷四文53篇，卷五《鹪鹩庵笔麈》81则。有些诗是现存抄本中所没有的。

此外，敦诚著有《白香山〈琵琶行〉传奇》等。

敦诚的诗在同时代人中享有盛誉，他的《四松堂集》，纪晓岚附识云：“诗意高超古雅，诚得温柔敦厚之遗者。至其议论独辟处，虽古人不多让焉。后之读者能不钦为风雅之宗！”

在敦诚现存所能见到的诗作中，直接写曹雪芹的有5首，另有4首也涉及雪芹。现在我们解读敦敏、敦诚歌咏雪芹的诗章，对我国这位与18世纪世界级的伟大文学家歌德、卢梭、伏尔泰等同时辉煌于世界文学星空，甚或更加光彩夺目的文学巨星一定会有一个清晰的印象。

【注释】

〔1〕宜兴：敦诚堂弟，月山之子，又名桂圃。见《爱新觉罗宗谱》。

〔2〕月山：清代诗人，爱新觉罗氏，英亲王四世孙，名恒仁，字育万，袭辅国公，因不受封而失爵。著有《月山诗集》。

〔3〕喜峰口：属唐山市，位于迁西与宽城二县接壤处，是燕山东段的隘口，古称卢龙塞。险要之处设关征税，名松亭，关卡在喜峰口北。

〔4〕笔帖式：清代官名，负责翻译满汉奏章事宜，置于京师各部院和各省军事部门，由满、蒙、汉军旗人充任，宗人府则专用宗室子弟。

二、“扬州旧梦久已觉”

【地点：南京、北京、香山
时间：1715—1757 年（康熙五十四年—乾隆二十二年）】

正如大观园是贾宝玉活动的场所，曹氏家族的风光显赫与衰败没落则是曹雪芹一生颠沛困顿的历史舞台。欣赏至亲好友诗歌中曹雪芹的风采，就不能不对曹氏家族有所了解。

综合红学家们的科研成果，曹家的盛衰起落大致可以这样概述。

曹雪芹的始祖，可以上溯到西汉的曹参、三国的曹操、北宋的开国元勋曹彬。曹家的籍贯是辽阳，后迁沈阳，而不是河北丰润[1]。曹氏的真正始祖是曹俊，传至九世为曹世选，十世曹振彦，十一世曹玺、曹尔正，十二世曹寅、曹宣、曹宜，十三世曹颙、曹頫、曹颀，曹雪芹为十四世。明末清初，曹世选、曹振彦父子在天聪年间，本为明朝驻守辽东的军官，后来在明金战争中归附后金。公元 1636 年，皇太极改国号为清，年号崇德，曹振彦父子归顺清朝，由汉军旗整编归入满洲正白旗。曹振彦随清兵入关，立有军功，官迁知府、盐运使。曹玺于康熙二年（1663）任江宁织造，当时康熙只有 10 岁，曹玺妻孙氏是康熙幼年时的保姆（一说是奶妈）。自曹玺始，曹家三代四人世袭江宁织造近 60 年。织造由内

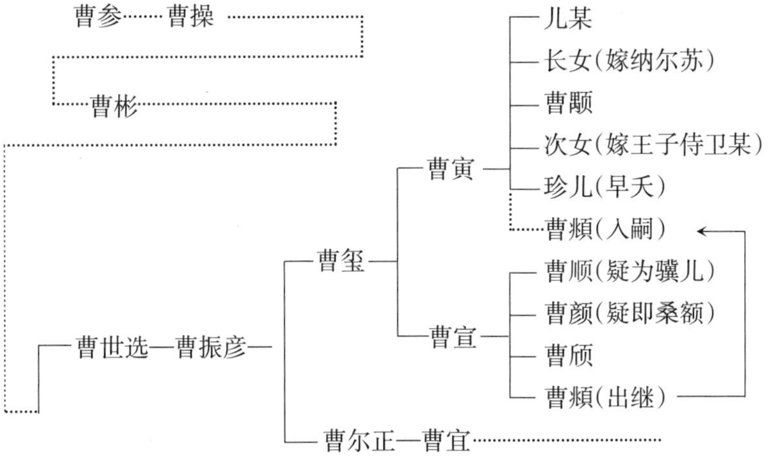

曹氏家族嗣继简表

务府包衣[2]充任。曹寅主政织造府时，是曹家的鼎盛时期。玄烨即康熙五岁受教，曹寅为“侍读”，后授銮仪使，以“犬马恋主之诚”深得恩宠。康熙六次南巡，曹寅接驾四次，且驻跸曹府，赏赐丰厚，宠幸殊甚。曹寅工骑射，善诗文，著有《楝亭诗钞》《文钞》《词钞》等。《全唐诗》就是由他负责刻印。由于与皇帝有着非同寻常的关系，他与当时的诸多社会名流交往频繁。词坛翘楚纳兰性德护驾南巡，亦曾赋《满江红》题赠曹寅[3]。

康熙对曹家的宠信，把曹家抬到了“花柳繁华地，温柔富贵乡”，也将其推进皇室内部“乱烘烘你方唱罢我登场”的斗争漩涡，埋下了“家亡人散各奔腾”的祸根。

康熙末年，诸皇子为争权夺位，内斗不已。雍正夺得大宝后，对其政敌或关押或杀害，对康熙的宠臣、亲信扫荡无遗，曹家亦在劫难逃。1727 年，雍正以“行为不端，织造款项亏空甚多”为由，将任江宁织造的曹頫革职抄家。这个“富贵流传已历百载”的“钟鸣鼎食之家”，顷刻之间“忽喇喇似大厦倾”，从“繁华盛世”的巅峰跌下来。第二年，即公元 1728 年，曹頫携家眷离开南京，迁居北京。雪芹随养父同行，是年，雪芹 13 岁。

乾隆继位后，一度获罪的曹家虽然得以平反，曹頫再度入职内务府，然而好景不长，乾隆四年（1739），因庄亲王胤禄与弘皙等皇室子孙的“谋逆”案，曹家不幸与涉案的主要人物关系密切而受牵连。这第二波的宫廷恶斗终于使曹家一蹶不振，子孙流散，奴仆尽遣，真个成了“好一似食尽鸟投林，落了片白茫茫大地真干净”！是年，雪芹 24 岁。

曹雪芹在 13 岁到 24 岁的这段时间里，目睹了统治阶级权力斗争的血雨腥风，经历了家族起伏跌宕的沧桑巨变，其情景之惊心动魄、瞬息万变，我们在《红楼梦》对四大家族的荣枯盛衰的描写中已经看到了。可是我们对曹雪芹在这段时间里的生活轨迹却知之甚少。虽然记载乾隆盛世的史料汗牛充栋，然而对曹雪芹行踪的记述却没有片言只语。如果想寻觅他的踪迹，可能会让人觉得仿佛置身于云山雾海，偶见奇峰峥嵘，旋即隐没无痕。现在根据红学家们或搜罗或走访民间故老所得到的传闻，曹雪芹在北京城内的生活轨迹大略可以这样概述：

回到北京后，曹氏父子起先住在曹家位于北京崇文门外蒜市口的旧宅里，后来由于家境败落，辗转迁徙，先后可能在香山健锐营下属的镶黄旗营、卧佛寺左近的北沟村、正白旗 38 号院、白家疃等地住过。期间，曹雪芹已成家，妻子为他生有一子。在这 11 年里，可以确定的是，他曾在“虎门右翼宗学”当过助教或普通员工，随后在黄叶村开始著书。凡此种种，有诗为证。

公元 1757 年，敦诚 23 岁。当时，他在喜峰口松亭关管理税务，长夏无聊，便以思念故人来打发时光。就是在这样的状况下，他写下了《寄怀曹雪芹（霑）》一诗：

少陵昔赠曹将军，曾曰魏武之子孙。
君又无乃将军后？于今环堵蓬蒿屯。
扬州旧梦久已觉[4]，且著临邛犊鼻裈。
爱君诗笔有奇气，直追昌谷破篱樊[5]。
当时虎门数晨夕，西窗剪烛风雨昏。
接篱倒著容君傲，高谈雄辩虱手扪[6]。
感时思君不相见，蓟门落日松亭樽[7]。
劝君莫弹食客铗，劝君莫叩富儿门[8]。
残羹冷炙有德色，不如著书黄叶村[9]。

这是敦敏、敦诚兄弟写曹雪芹的最早的一首诗，对于了解雪芹的生平、才情及其在北京的行踪极具价值，不可小觑。

就诗的艺术结构而言，全诗共分三层，每六句一层意蕴。前六句是说，曹雪芹的先人虽然业绩显赫，但他本人现在已沦落为穷困潦倒的平民；中六句是对昔日在右翼宗学高谈阔论岁月的回忆；后六句是劝雪芹放弃幻想，安心著书。详细分析，诗中有三个重点，非常值得我们研究。其一，陪他“临邛当垆”的女子是谁？其二，“虎门数晨夕”是怎么回事？其三，为什么要劝他安心著书，不要对富人抱有幻想？当时曹雪芹到底经历过哪些难堪的事？正在写的是什么书？

让我们先来疏通诗句。

作者首先引用杜甫的《丹青引赠曹将军霸》一诗起兴，凌空造势，点明雪芹的先人曹操称雄一世，彪炳千古，所以他有着高贵的血统。杜甫常自号“少陵野老”或“杜陵野客”。他曾赋诗赠送曹操的后人、唐名画家曹霸。曹霸曾官至武卫将军。杜甫运用对比手法，先以浓墨重彩铺叙曹霸的非凡艺术成就，最后又以苍凉的笔调描写曹霸流落民间的清贫凄凉：

将军画善盖有神，必逢佳士亦写真。
即今漂泊干戈际，屡貌寻常行路人。
途穷反遭俗眼白，世上未有如公贫。
但看古来盛名下，终日坎壈缠其身。

敦诚以曹霸比雪芹，感慨万端地说：“杜甫曾经有诗赠送曹霸将军，说他是魏武帝曹操的后人。你该不是曹霸的后裔吧？否则，怎么会和曹将军一样，晚年清贫，也落魄到身居野草丛生的陋室之中呢？昔日锦衣玉食的繁华犹如杜牧的那句诗‘十年一觉扬州梦’，而今你幡然梦醒，甘心忍受与妻子当垆沽酒的贫穷。你和曹霸晚年的境况，何其相似啊！”

首层六句诗的“扬州旧梦久已觉”从来没有引起过曹学家们的注意。其实这句诗对了解曹雪芹的生平事迹非常重要。我们已经知道，雪芹的故乡是南京。敦敏也曾在诗中两次提及他的往事，但都是说“秦淮旧梦人犹在”，“秦淮风月忆繁华”，都是指南京，为什么这里偏偏是扬州呢？难道雪芹与扬州有什么关系？

再看下一句，“且著临邛犊鼻裈”。我们知道，“当垆沽酒”是引用了西汉卓文君与才子司马相如私奔，回到四川临邛，为生计所迫，卖酒为生的典故。《史记·司马相如列传》云：“相如与（卓文君）俱之临邛，尽卖其车骑，买一酒舍酤酒，而令文君当垆。相如身自着犊鼻裈，与保庸（奴婢）杂作，涤器于市中。”我想，这两句不是单纯用典，而是实有所指。第一，曹雪芹与扬州一定有着千丝万缕而又不便明言的关系；第二，这位心甘情愿与他患难与共的“卓文君”也许是扬州“旧人”。

为了避免胡思乱想，我们查阅史料，发现曹家和李家与扬州的关系不次于他们与南京和苏州的关系。

首先，曹寅于康熙二十九年（1690）任苏州织造，两年后改任江宁织造，苏州织造由其内兄李煦接任。四十二年（1703），二人奉旨轮管两淮盐课达十年之久。而处在长江与京杭大运河交汇处的扬州，自古就是漕运的中转站。曹、李二人为给皇室运输日用百货，在扬州当然应有固定的场所，供其经营业务和日常生活。

具次，尤为重要的是，康熙四十四年（1705）五月，曹寅奉旨校刻《全唐诗》。他把“扬州诗局”设在天宁寺里，因为天宁寺内有巡盐御史的行署。《全唐诗》六年后正式出版。五十一年（1712）三月，曹寅又奉旨刊刻《佩文韵府》，而且亲自住在天宁寺监理刻版。七月，曹寅患风寒之病，李煦上奏曹寅病情。曹寅不久病逝于扬州。死后，李煦代理两淮盐政，扬州成了他经常盘桓的地方。

在 1715—1728 年，也就是雪芹 13 岁之前的这段时间里，当曹家和李家频繁往来于南京和扬州两地时，一个对外面的世界充满好奇的少年，能不去“十年一觉扬州梦，赢得青楼薄幸名”的这个梦幻般的胜地玩玩？他是不是有感于祖父亲手整理的那些文学典籍，有过献身于古典文学的冲动？

同时，还令人不禁遐想的是，或许在那里，有过情窦初开的同龄少女让他倾倒，犹如贾宝玉初见林黛玉那样。

大家也许还记得，《红楼梦》第二回写的就是黛玉的母亲“仙逝扬州城”，随即父亲林如海将她寄养在荣国府，宝黛一见如故，两个正当豆蔻年华的少男少女如何亲热……当年雪芹在扬州是不是也有过同样的经历？

再说，14 岁的雪芹于雍正六年（1728）随养父曹頫回到北京后，乾隆四年（1739），曹氏家族的贪腐案得以平反，这时雪芹已年届25岁。整整11年，他不可能一直窝居在家。他有充足的时间故地重游，回扬州等地走亲访友。他的原配夫人很可能就是昔日与曹府过从甚密的某官僚家族中的一位，就像红学家们所言，是一位类似《红楼梦》中的史湘云的女子，而且很可能就是最先开始评点《红楼梦》的脂砚斋。

只因为这位扬州“旧人”与雪芹有着非同寻常的情缘，与他有着同样的“家亡人散”的遭遇，才会放下身段，“当垆沽酒”，与他同甘共苦。

总之，不管是献身于古典文学也罢，还是“梦中情人”也罢，反正都成了雪芹的“扬州旧梦”，如今早已从梦中清醒了。

第二层诗意首先赞美曹雪芹不同凡俗的诗风，接着是对他们在虎门右翼宗学时睥睨世俗、开心快意之岁月的回忆。“昌谷”代指唐代诗人李贺，盖因其家居昌谷，即今河南宜阳，其诗集《李长吉歌诗》亦名《昌谷集》。李贺善于以离奇的想象和浓重的色彩，构造幽冷凄艳、怪诞瑰丽的意境，因此被誉为“鬼才”。敦诚说雪芹的诗在风格上直追李贺，想象奇诡，在意境的开拓上颇能突破前人的清规戒律，别开生面。

概括性地评价了曹雪芹的诗风之后，作者将重点转到了对他们昔日在虎门纵情畅谈的描述。关于虎门，我们下面再详细诠释。“西窗剪烛风雨昏”语出李商隐《夜雨寄北》——“何当共剪西窗烛，却话巴山夜雨时”，转夫妻剪烛夜话为朋友秉烛长谈。“接篱倒著容君傲，高谈雄辩虱手扪”用了两个典故。

据南朝刘义庆《世说新语·任诞》载：山涛之子山简出任征南将军，镇守襄阳时，每常郊游豪饮，饮辄醉，醉则反戴白头巾，倒骑着马蹒跚回府。童子见，拍手歌曰：“山公时一醉，径造高阳池。日暮倒载归，酩酊无所知。复能乘骏马，倒著白接篱。”

“高谈”句典出《晋书·王猛传》，大意是说，东晋桓温率军北伐入关中，有年轻豪士王猛被褐谒见，一边纵谈时事，一边搔痒捉虱，旁若无人。桓温因此之故，轻蔑不用，不想后来王猛竟辅佐前秦苻坚称雄北方。

引用这两个典故，意在形容曹雪芹深谙时事，高谈雄辩，以及蔑视权贵的傲岸不羁的个性。

最后六句以直抒思念好友之情起兴。作者说他每当心有所感时，情不自禁要想念曹君，无奈“落花落叶落纷纷，尽日思君不见君”，徒然想象你在北京西山望落日而惆怅的情景，我却只能在松亭借浊酒以消愁。然后回想朋友这几年的处境，自言自语地规劝道：你无须再弹铗高歌，悲叹怀才不遇；也不必奔走于权贵之门了吧！希求施舍者的“残羹冷炙”，人家难免要摆出一副惠人以德的面孔。与其这样，倒不如摒却尘劳，在山村里潜心著书。

“莫弹食客铗”用的是战国时冯谖的典故。据《史记·孟尝君列传》载，冯谖是孟尝君门下食客，初以下客之礼待之，食无鱼，出无车，冯谖便弹剑而歌，牢骚满腹。后人常用此典比喻人才受到冷遇而心生怨恨。

现在说说虎门右翼宗学。

红学家现已证实，所谓“虎门”，即指宗学（皇族子弟学校），又兼指所在地石虎胡同。果毅亲王胤礼写过《八旗经文·宗学记》，文中说：

> 念我宗室子弟，尤教育所宜先。特谕立东西二学于禁城之左右。自王公庶位以及凡有属籍者，其子弟愿学则入焉。即周官立学于虎门之外以教国子弟之义也。

石虎胡同位于北京瞻云坊（西单牌楼）以北路东，胡同东口原有白石雕虎，于是当时以此为地标性建筑，称之为虎门右翼宗学。以虎门代指宗学，这在敦氏兄弟的诗文中曾屡次提及。如敦敏乾隆二十七年夏《黄去非先生以四川县令内升比部主事进京相晤话旧感成长句》一诗云：“虎门绛帐遥回首，深愧传经负郑玄。”敦诚《寿伯兄子明》一诗云：“先生少壮时，虎门曾翱翔。文章擢巍第，笔墨叨恩光。”敦敏《吊宅三卜孝廉》诗云：

"昔年同虎门，联吟共结社。月明新雨句，岂在樊川下？"敦诚在《先妣瓜尔佳氏太夫人行述》中说：

> 乙亥（乾隆二十年）宗学岁试，钦命射策。诚随伯兄试于虎门。命下，诚忝优等之末，御赐笔墨有差。

诸如此类，还有不少。由这些材料，我们得知："当时虎门数晨夕……"四句诗，实际上涉及曹雪芹的一段重要经历：当敦氏兄弟在北京西城石虎胡同的右翼宗学读书时，曾与雪芹有过亲密的接触。确切时间也可以推断出来。

乾隆九年（1744），敦诚 10 岁，入右翼宗学就读，其时敦敏已是在校生，年 15 岁。是年，雪芹快要到而立之年。吴恩裕在《曹雪芹丛考》中说：

> 从三个人的年龄看来，所谓"当时"，我看不会指敦诚初入宗学时的乾隆九年。因为十一岁的敦诚是无论如何也不能够欣赏三十岁的曹雪芹的那种"接篱倒著容君傲，高谈雄辩虱手扪"的风度的。我认为这"当时"应该是指乾隆十三、十四年左右。那时敦诚已十五六岁；他的哥哥年二十至二十一岁。而曹雪芹则是三

十四岁左右的时候。这时，不但二十多岁的敦敏，就是十五六岁的敦诚，也能够理解和欣赏曹雪芹那种疏狂傲岸的态度了。正由于曹雪芹的风度和谈吐当时有可能给敦诚一个深刻的印象，所以他们才结下了深厚的友谊。到了乾隆二十二年，敦诚写此诗时已经是他们从右翼宗学分散的七八年或至少五六年以后了。我们知道：敦氏弟兄固然有可能是迟至乾隆二十年（乙亥）参加了右翼宗学的考试后才出学的，但我估计曹雪芹却是早就可能因故在乾隆十五、十六年左右就离开了右翼宗学而不久就搬到西郊去住了的。这样，敦诚诗中所回忆的乃是：他们两弟兄由乾隆十三、十四年或者竟到十五、十六年在右翼宗学相聚的一段生活——特别是在那风雨之夕，秉烛夜谈的往事。

他们在虎门宗学是什么关系呢？吴恩裕认为，曹雪芹在那里很可能是辅助教学人员，或者是职员。他还说，由于雪芹性情狂傲，才艺超群，在那种文人相轻的圈子里，与周围环境格格不入，因此飘然而去（也有可能是被开除）。

雪芹于乾隆十五年（1750）前后离开虎门右翼宗学时，年届35岁左右，而且已有妻室，直至乾隆二十二年，在这七八年间，一直没有生活来源，开了个夫妻店，自己身着短裤打杂，妻子“当垆沽酒”；每当衣食难周的时候，不得不投亲靠友，甚至要寄食于人。相传他曾寄养于岳丈家。这也正是“劝君莫弹食客铗，劝君莫叩富儿门”两句诗之由来。

敦诚于乾隆二十二年秋写这首《寄怀曹雪芹（霑）》的时候，雪芹已经举家迁移西山了。生活的艰难、个性的狂傲，迫使他不得不离开那个伤心之地——北京城。据敦敏《瓶湖懋斋记盛》记载，乾隆二十三年（1758），雪芹曾去北京宣武门敦敏的槐园造访过他，没有见到，遂告诉其家人，说“将徙居白家疃”。敦敏在当年夏秋两次去看雪芹，皆不遇，只见其新居“院落整洁，编篱成锦，蔓植杞藤”，环境倒也优雅。奇怪的是，敦敏两访都没有看见雪芹的妻子和儿子。可是在乾隆二十五年，敦敏与雪芹邂逅，在《黄去非先生以四川县令内升比部主事进京相晤话旧感成长句》一诗中，有“秦淮旧梦人犹在”的感慨；次年，敦氏昆仲再去白家疃看望曹雪芹，又不遇，敦诚在《赠曹雪芹》一诗中，又有“举家食粥酒常赊”的说法。“举家”者，全家也，自然包括夫妻二人和儿子。那为什么唯独在乾隆二十三年造访，不见雪芹及其妻和子呢？况且我们在前面已经说过，乾隆二十四年，雪芹曾回过南方老家，走了将近一年。回到北京后，续弦再婚，朋友们还赠送书箱致贺，可见

"犹在"之"旧人"，"举家"之"糟糠"，指的是这位继室，绝非原配。显然，那位史湘云式的"脂砚斋"主人已经过世。那她是在哪年哪月仙逝的呢？

综合上述情况分析，雪芹的原配夫人大概就死在乾隆二十三年（1758）白家疃新居落成之后的春秋之际。受此打击，曹雪芹才会将儿子寄托亲友，才有南京之行——一来散心，二来另谋生路。孰料南行谋求幕僚的计划落空，于是有回京续弦之事，以便安置一个新家，好继续完成被中断的写作。因为在他来南京之前，脂砚斋《三评石头记》已经脱稿，"旧人"虽去，书稿还在，正等着完成呢。

写完《红楼梦》一书，是曹雪芹后半生倾注全力的大事，这在他的朋友圈子里肯定无人不知，甚至有人已经先睹为快，看过书稿了。可在他们的诗文中，为什么不提及此事？敦敏、敦诚和张宜泉也仅只是说他在写书，却又都含糊其辞，或言"不如著书黄叶村"，或言"开箧犹存冰雪文"，或言"爱将笔墨逞风流"。直到雪芹去世后五年，永忠才有《因墨香得观〈红楼梦〉小说吊曹雪芹》一诗（关于其诗，详见第八章），文学史上的这件惊天大事方才大白于天下。这是为什么？

不要忘记，曹雪芹写《红楼梦》时，清王朝正在大兴文字狱。康熙二年（1663），浙江庄廷鑨因修《明史》，有70多人被杀害或充军；康熙五十年（1711），翰林院编修戴名世在其文集里因用了南明的年号而被处死，涉案者竟有 300 多人；翰林院学士徐骏把“陛下”错写成“狴下”，雍正先将其革职，后派人查其诗集，找到了两句诗“清风不识字，何故乱翻书”，便说“清风”是指清朝，将徐骏杀掉。更残暴、更荒唐的是“江西考题案”。雍正四年（1726），清代诗人查慎行的弟弟查嗣庭出任江西考官，他出的考题之一是“维民所止”。“维民所止”出自《诗经·商颂·玄鸟》：“邦畿千里，维民所止。”有人立刻揭发，说这几个字是雍正无头。雍正责成李卫把查嗣庭一家解京，以“大不敬罪”下狱，满门抄斩，查嗣庭遭戮尸。因受牵连，当年江西考生排名靠前的都遭到了迫害，而且此后六年连累下辖考区浙江全省的学子不能参加举人、进士考试。

在这种谈“文”色变的恐怖氛围中，知识分子只好谨言慎行。尽管曹雪芹一再声明，他的小说只是“大旨谈情……毫不干涉时世”，但《红楼梦》所写的贾府及其他几大家族盛极而衰、官商勾结的现象，很容易让人联想到他是在影射曹家的荣枯覆没，更何况他本人毕竟是戴罪之家的子孙。在乾隆三十年（1765），朝中就有人知道他在写《石头记》，但怕其中有什么“碍语”，因此对小说及其作者避之唯恐不及。文苑如此险恶，谁还敢明言呢！

综上所述，敦氏昆仲的诗为我们提供的这些信息是明确的：

一、曹雪芹尽管血统高贵，是曹操及曹霸的后裔，但自从曹家破败后，雪芹从中年时代便已沦落到社会底层，过的是平民生活；

二、雪芹的原配夫人是扬州人，而且很可能是李煦的孙女辈，在曹、李两家彻底破败后，与雪芹一起在北京城内经历了一段贫苦潦倒的生活；

三、敦诚和雪芹在右翼宗学时曾经有过一段朝夕相处的愉快时光；

四、雪芹饱经世态炎凉后，于乾隆二十二年（1757）迁居西山，过起了潜心著书的生活。

【注释】

〔1〕曹家祖籍：关于曹家祖籍，周汝昌认为源自河北丰润，冯其庸则认为曹家世居辽阳，丰润曹家是别一支。亦有人折中之，说本为丰润，几经迁徙，辗转而至辽阳。

〔2〕包衣：包衣是满语音译，意即“家里人”，是清代八旗组织内部的一种人身领属制度。曹家隶属于“旗鼓佐领”，是清皇室可信任的入旗汉人。

〔3〕纳兰性德《满江红·为曹子清题其先人所构楝亭，亭在金陵署中》序与词曰：

籍甚平阳，羡奕叶，流传芳誉。君不见，山龙补衮，昔时兰署。饮罢石头城下水，移来燕子矶边树。倩一茎、黄楝作三槐，趋庭外。延夕月，承晨露。看手泽，深余慕。更凤毛才思，登高能赋。入梦凭将图绘写，留题合遣纱笼护。正绿阴、青子盼乌衣，来作暮。

〔4〕此句下作者原注：“雪芹曾随其先祖寅织造之任。”显然有误，因曹寅在世时，雪芹还未出生，不会有随祖父去江宁织造上任之事。

〔5〕破篱樊：《四松堂集》嘉庆刊本和《熙朝雅颂集》作“披篱樊”。《熙朝雅颂集》是清朝书法家铁保编汇的清代诗集，共收入清初至嘉庆汉、满、蒙古534位诗人的诗作6000余首，是这一时期八旗诗作中最为完备的总集。集内每位诗人均有小传。此书是了解和研究清代满族、蒙古族乃至整个旗人文学的重要资料。

〔6〕虱手扪：《四松堂诗钞》作“手虱扪”。

〔7〕此句下作者原注：“时余在喜峰口。”蓟门：遗址在北京德胜门西北。“蓟门烟树”为“燕京八景”之一。

〔8〕“莫叩富儿门”：语本杜甫《奉赠韦左丞丈二十二韵》诗：“朝扣富儿门，暮随肥马尘。残杯与冷炙，到处潜悲辛。”

〔9〕“黄叶村”：语本苏轼《书李世南所画秋景》诗：“扁舟一棹归何处？家在江南黄叶村。”黄叶村在这里实指北京西郊金山脚下的正白旗村，明时这里称“金山脚下黄叶村”。敦敏《西郊同人游眺兼有所吊》诗“清磬一声黄叶村”之句说明实有此村。

三、“俺只念木石前盟”

【地点：北京　时间：1760 年

（乾隆二十五年）】

凡至亲好友写曹雪芹的诗，都将其放在特定的环境中，或采取情景交融的手法，或以白描的笔墨，点染他的气度风貌。唯独敦敏的这首《题芹圃画石》开门见山，直陈雪芹对石之痴迷，与石之情缘。

此诗作于 1760 年，为题写曹雪芹画的一幅奇石图而作。

题芹圃画石

傲骨如君世已奇，嶙峋更见此支离[1]。

醉余奋扫如椽笔[2]，写出胸中磈磊时[3]。

鲁迅在《中国小说史略》中曾说：曹雪芹“生于荣华，终于零落，半生经历，绝似‘石头’”。鲁迅以其特有的文学家的敏锐，洞察到了曹雪芹的内心世界，得出坎坷一生的贫困生活和丰富阅历，磨砺出了曹雪芹顽石般坚毅的品格——有气节的中国文人的特有风骨之结论。曹雪芹能源源不断地获得创作灵感，能以如椽之笔全方位、多角度地展现社会人生、情爱恩仇的“天下第一奇书”，与香山的奇石有着无法割舍的缘由。敦敏的这首诗，为我们证实了这一点。

读过《红楼梦》的人都知道，曹雪芹对石有多么喜好，对石的鉴赏力是多么高超。小说原本就叫《石头记》，为什么？作者自己在开卷第一回即有交代：

> 原来女娲氏炼石补天之时，于大荒山无稽崖炼成高经十二丈，方经二十四丈顽石三万六千五百零一块。娲皇氏只用了三万六千五百块，只单单剩了一块未用，便弃在此山青埂峰下。谁知此石自经煅炼之后，灵性已通，因见众石俱得补天，独自己无材，不堪入选，遂自怨自叹，日夜悲号惭愧……
>
> 后来，又不知过了几世几劫，因有个空空道人访道求仙，忽从这大荒山无稽崖青埂峰下经过，忽见一大块石上字迹分明，编述历历。空空道人乃从头一看，原来就是无材补天，幻形入世，蒙茫茫大士、渺渺真人携入红尘，历尽离合悲欢、炎凉世态的一段故事。后面又有一首偈云：
>
> 无材可去补苍天，枉入红尘若许年。
>
> 此系身前身后事，倩谁记去作奇传？

这一段别出心裁的开场白，清清楚楚地告诉读者，曹雪芹假借一块“无材可去补苍天”的石头的奇特经历，打破老套的艳情故事，向后人展现了“枉入红尘”的悲欢离合。敦敏的《题芹圃画石》不妨看作是对曹雪芹撰写《石头记》隐情的高度概括，也是对其精神世界的窥测。

如果说“无材补苍天”是曹雪芹的自悲自叹，那么“都道是金玉良缘，俺只念木石前盟”则是他因香山旧居的一块奇异的巨石得到的灵感。巨石屹立于一泓山泉之中，清冽的山泉从石下汩汩流出。最奇妙的是，就在形同元宝的巨石旁，还伫立着一块通体光滑的大青石。青石顶部，生长着一株苍劲的古柏。据当地人说，石下这眼泉水暴雨不溢，大旱不枯，冬天不论多么严寒也不会结冰，当地人称之为“木石姻缘”。那里清幽宁静，山峦叠翠，徘徊其间，极易诱发游人的奇思遐想。当年常来这里散心的曹雪芹，一定是在反复观赏这块仿佛来自远古洪荒的巨石，和石上那株与石相依为命的古柏时，产生了“木石前盟”的灵感，于是构思出宝黛生死相恋、荡气回肠的爱情故事。《石头记》对这段情缘有过生动的描述：

此事说来好笑，竟是千古未闻的罕事。只因西方灵河岸上三生石畔，有绛珠草一株，时

> 有赤瑕宫神瑛侍者，日以甘露灌溉，这绛珠草始得久延岁月。后来既受天地精华，复得雨露滋养，遂得脱却草胎木质，得换人形，仅修成个女体，终日游于离恨天外，饥则食蜜青果为膳，渴则饮灌愁海水为汤。只因尚未酬报灌溉之德，故其五内便郁结着一段缠绵不尽之意。恰近日这神瑛侍者凡心偶炽，乘此昌明太平朝世，意欲下凡造历幻缘，已在警幻仙子案前挂了号。警幻亦曾问及，灌溉之情未偿，趁此倒可了结的。那绛珠仙子道："他是甘露之惠，我并无此水可还。他既下世为人，我也去下世为人，但把我一生所有的眼泪还他，也偿还得过他了。"

由此来看，敦敏说"傲骨如君世已奇，嶙峋更见此支离"，是借曹雪芹所画之"嶙峋支离"的石头，形容画家刚正傲世的风骨和遗世独立的形貌；"醉余奋扫如椽笔，写出胸中磈礧时"则为我们勾勒出一个特立独行的天才，因不容于庸庸碌碌的尘世，只能借酒后的激情，以横扫污浊的如椽巨笔，挥洒内心的愤懑不平。诗人用一首短短的七绝，就把曹雪芹与石之不解情缘，活灵活现地展现在我们面前。

曹雪芹醉石迷石，以石自喻，以至于赋石以灵性，写石成巨著，“因此上，演出这怀金悼玉的《红楼梦》”[4]。

【注释】

〔1〕支离：形容画石的奇峭。

〔2〕如椽笔：《晋书》卷六十五《王导列传·王珣》载，王珣梦见有人给他一支如椽大笔，因此文思大进。后称赞文字有气势，常以大笔如椽来形容。

〔3〕磈礌：高低不平的石头，这里是比喻胸中不平之气。或作“块垒”。

〔4〕怀金悼玉：以薛宝钗（金）和林黛玉（玉）代指金陵十二钗。

四、豪气干云酒易醺

【地点：北京明琳宅　时间：1760年（乾隆二十五年）】

1760年，乾隆二十五年秋，敦敏写下了七律《题曹雪芹》。

由诗题可知，一日，敦敏过明琳[1]宅，偶遇雪芹，呼酒话旧，写下了这首诗。诗见《懋斋诗钞》手抄本。

不过，这里有个问题：雪芹于当年初春，从南京归来，朋友们为他续弦贺喜，莫非敦敏不知道，也没参与？是不是在这一年间，敦氏昆仲在自家的庄园隐居，因消息不通，来往不便，因而没有参与其事呢？很可能是这样，否则于情于理都说不通。

题曹雪芹

芹圃曹君（霑）别来已一载余矣。

偶过明君（琳）养石轩，隔院闻高谈声，疑是曹君，急就相访，惊喜意外。因呼酒话旧事，感成长句。

可知野鹤在鸡群，隔院惊呼意倍殷。
雅识我惭褚太傅，高谈君是孟参军。
秦淮旧梦人犹在，燕市悲歌酒易醺。
忽漫相逢频把袂，年来聚散感浮云。

诗序说，乾隆二十五年秋，诗人有一次偶然路过明琳的养石轩，听到隔壁有人在高谈阔论。他怀疑是雪芹，赶忙去拜访，果不其然。自从雪芹回南京后，分别已有一年有余，一直没有他的消息。今天意外相逢，敦敏自然格外“惊喜”，于是“呼酒话旧”，对于与雪芹聚散有如浮云，深为感慨。如今雪芹贫困落拓、“燕市悲歌”，与其从前“秦淮旧梦”的荣华富贵相比，敦敏在同情之余，情不自禁赋诗感怀。

这首七律用了三个典故：

1. 野鹤在鸡群：比喻人才出众。《晋书·嵇绍传》：“绍始入洛（阳），或谓王戎曰：‘昨于稠人中始见嵇绍，昂昂然如野鹤之在鸡群！’”后简化为成语“鹤立鸡群”。

2. “雅识”句：《世说新语·识鉴》记述云：孟嘉[2]品德高尚，褚太傅裒一次到江州（今九江），参加江州刺史庾亮主持的元旦宴会，问庾亮：“总说孟嘉是个名人，今天在这里吗？”庾亮说：“就在座中，你自己找吧。”褚裒仔细看后，指着孟嘉说：“是这位吧？”庾亮大笑：“是的。”宾客叹服褚裒善识人。

3. 燕市悲歌：用战国高渐离击筑、荆轲高歌于燕市之典。事见《史记·刺客列传》。

了解了作者使用这些典故的寓意，我们可以这样翻译此诗：

看见有人鹤立鸡群，
就知道是曹君你！
我隔院惊呼，情意殷殷。
我虽然没有识别俊才的慧眼，
可你的高谈阔论谁人不闻！
经历过南京繁华的人依然健在，

因此你慷慨悲歌，醉意酩酊。

今日邂逅相逢，双手紧握，

深感年来聚散有如浮云。

这首诗中，值得注意的是“秦淮旧梦人犹在”这一句。两年前，敦诚诗中有“扬州旧梦久已觉”一句。次年，那位来自扬州的结发妻子已然去世，雪芹遂有南京之行。现在敦敏却说“人犹在”，但不是扬州人，而是“秦淮”人。显然，这“秦淮”人指的是雪芹于 1759 年回京后，与其喜结连理的“芳卿”。

诗与序写得情景交融，有声有色。作者以仰望的视角，不但生动地凸现了曹雪芹善饮健谈、豪气干云的傲岸形象，超群出众、雄辩滔滔的卓越才情，同时活灵活现地表现了与好友意外相逢的动人情谊，读之如临其境、如闻其声。

【注释】

〔1〕明琳：富察氏傅文子，与明仁、明义等人皆为敦氏兄弟和雪芹的朋友。

〔2〕孟嘉：陶渊明的外祖父，曾任征西大将军桓温的参军，时称“孟参军”。

五、“不如著书黄叶村”

【地点：北京西山　时间：1761 年秋

（乾隆二十六年）】

就在敦敏于明琳的养石轩与雪芹邂逅的第二年秋，敦敏偕从喜峰口回到北京的敦诚，前往北京西郊造访雪芹，并以同韵赋诗记述其事，面赠雪芹。敦敏的诗见《懋斋诗钞》抄本，敦诚的诗见《鷦鷯庵杂记》抄本。

赠芹圃[1]　敦敏

碧水青山曲径遐，薜萝门巷足烟霞。
寻诗人去留僧舍[2]，卖画钱来付酒家。
燕市哭歌[3]悲遇合，秦淮风月[4]忆繁华。
新仇旧恨知多少？一醉酕醄白眼斜[5]。

赠曹雪芹[6]　敦诚

满径蓬蒿老不华，举家食粥酒常赊。
衡门僻巷愁今雨[7]，废馆颓楼梦旧家。
司业青钱留客醉[8]，步兵白眼向人斜。
何人肯[9]与猪肝食[10]？日望西山餐暮霞[11]。

有了敦氏昆仲作于1761年秋的这两首七律，我们对曹雪芹在西山写作《红楼梦》时的居住环境和生活状况，才有了一个比较清晰的感性认识。以往，我们的这位伟大的文坛巨星宛若游龙，见首不见尾地出没在云山雾海中。现在，我们终于能够一睹真容了。

两首诗既然都是赠送雪芹的，又写于同地、同时，且同题、同韵，我们不妨放在一起来解读。不过，我们在解读这两首诗之前，对所谓“西山故居”在哪里，应当有个基本的概念。

在红学研究中，特别是在中华人民共和国成立后，红学家们和有关文化部门，对曹雪芹在北京西郊的故居进行了旷日持久的走访调查，通过与当地许多古稀老人的座谈，对传说中曹雪芹可能居住过的遗址进行考察，在北京香山一带找到所谓“曹雪芹故居”十余处。后来经过反复考察，大部分只能暂时阙疑，现在关注的重点主要有三个地方：海淀区西之蓝靛厂；海淀区四季青乡正白旗村；香山与植物园之间的白家疃。蓝靛厂很可能是雪芹迁出北京后的第一个落脚点，第二站则是正白旗38号院。曹雪芹于乾隆十五年（1750）左右离开右翼宗学后，便移居西郊，到乾隆二十二年（1757）敦诚劝他“不如著书黄叶村”。这七八年间，他居无定所，生计维艰，流转于北京西郊各地。可是如果他于乾隆二十三年才迁居白家疃，那么敦诚所说的“黄叶村”很有可能就是正白旗村了。

如今，“曹雪芹纪念馆”就设在正白旗村，但门牌是39号，似乎此地即“故居”已成事实，然而这与敦敏的《瓶湖懋斋记盛》的记载大相径庭。《瓶湖懋斋记盛》是一篇记叙文。诗注重于情景交融的艺术性，而文注重于有凭有据的真实性。有了这篇记叙文，再来解读二敦的两首七律，就不会望文生义，凭空猜测了。

《瓶湖懋斋记盛》记述的是乾隆二十三年（1758）腊月二十四，雪芹在敦敏的槐园同董邦达[12]等人的一次聚会。作者首先说明此次聚会之缘起：有先辈托他找人鉴定字画，他首先想到了雪芹；然后详细讲述了他去找雪芹时，在其住地的所见所闻。我们现在将吴恩裕先生校补的《瓶湖懋斋记盛》之残文[13]中与曹雪芹故居有关的部分摘录如下：

爰思鉴别字画，当推芹圃；又且久未把晤，(原注：春间芹圃曾过舍以告，将徙居白家疃。值余赴通州迓过公，未能相遇。)苦念綦切，乃往访其新居。几经询问，始抵其家。(原注：其地有小溪阻路，隔岸望之，土屋四间，斜向西南，筑石为壁，断枝为椽，垣堵不齐。而院落整洁，编篱成锦，蔓植杞藤，□□□□□，有陋巷箪瓢之乐，得醉月迷花之趣。循溪北行，越石桥乃达。)扣篱至再至三，俄顷，一老妪出应曰："客人其访雪芹耶?"余曰："然。"妪曰："彼为人邀去，多日未返家矣。"妪自称姓白，得雪芹顾恤，相处一家人。(殷殷延余入，问所从来，余以情告。)遂留名帖，请代致意，怅然而返。

又月余，芹圃未至。渴念不已，策马再访，遇白妪于门，而谓余曰："何不巧之甚耶！前数日，雪芹回，见君名帖，欣然谓老身曰：与君为知交，久拟谋面，因友人邀做臂助，未容抽身；事毕即将进城回谒也。想亦未料及君之再至。两日前又去其友人处矣。"稍坐后，假纸留书订邀，(原注：时白妪煨芋以饷，并缅述徙此经过。初，妪有一子，襁褓失怙。夫家无恒产，依十指为人做嫁衣。儿已弱冠，竟染疫死。彼遂佣于大姓，不复有家矣。去冬哭损双目，乃致被辞，暂依其甥。既无医药，又乏生资，已濒绝境。适遇雪芹过其甥处，助以药石，今春渐能视物矣。因闻雪芹又将远徙，妪乃挽人告之：愿以其茔侧之树，供雪芹筑室。其工既竣，雪芹以一室安白妪。妪且泣且言，复云："雪芹初移此间，每有人自京城来求画。以是，里中居室，亦多求购者。雪芹固贫，□□有时不继，然非其人，虽重酬不应也。囊有余资，常济孤寡。老身若不遇雪芹，岂望存活至今也！"闻白妪言，愈思与芹圃一面，以慰渴念，而动定参商，缘会不偶。）久之，亦无裁答。

由此可知，在雪芹"庐结西郊"的当年，敦敏曾两次造访而不遇。事过三年，二敦又联袂拜访，亦不遇。但看了这段纪事，再来解读敦氏兄弟的诗，便一目了然矣。

敦敏的《赠芹圃》一诗，采用七律以景寓情的传统章法，由远而近，为读者展现了雪芹居所四周的自然风光：绿水青山，风景怡人，逶迤曲折的小路有些漫长，走了好久，才来到雪芹新盖的那四间土房前；四下观望，只见碧绿的藤萝爬满篱笆，烟云缭绕，彩霞满天——真正的隐逸之士才会有这样的理想居所啊！上述引文中的

“院落整洁，编篱成锦，蔓植杞藤……有陋巷箪瓢之乐，得醉月迷花之趣”，不正是对这诗情画意般的描写之生动诠释吗？

然而敦诚《赠曹雪芹》一诗之起落却别开生面，他仿佛在带领读者穿越一个隧道，首先扑面而来的是沿途两旁野草夹径、枯黄衰萎的景象；走过幽暗沉闷的隧道，蓦地豁然开朗，展现在眼前的是主人日常所见的云遮雾罩、翠微苍茫的西山！

对于雪芹居家环境和艰苦度日的描写，敏诗写得较“实”，诚诗写得较“虚”，但意旨完全相同。敏诗循序渐进，由远而近，由外入内，写他走进雪芹的居室，交谈间，才了解到朋友近来的生活状况：偶有闲暇，他便到西郊的寺院里找僧人闲话赋诗；若有诗作，便题写在墙壁上。正所谓“因过竹院逢僧话，又得浮生半日闲”也。当年北京西郊大大小小的寺院太多了，著名的有广济寺、卧佛寺、法源寺、潭柘寺、法海寺等。从《红楼梦》中对宁荣二府与寺庙关系的描写，就知道曹雪芹与佛教有着多么深厚的渊源。

这是雪芹闲暇时的闲情逸致，更多的时候，他常常处在困苦不堪、无以为计的境地中。为了弥补生计的不足，也为了买酒，他不得不卖画换钱。酒是曹雪芹的生活必需品。二敦的两首七律，其主题几乎都集中在了两个方面：一是今昔对比，一是嗜酒好饮。

两首诗有五句提到诗主与酒的关系，他不但将“卖画钱来付酒家”，即便到了“举家食粥酒常赊”的地步，也要浅酌慢饮；尤其应当注意的是，敏诗说他“一醉酕醄白眼斜”，诚诗也说他“步兵白眼向人斜”。两人同时说曹雪芹的个性和西晋名士阮籍一样，卓尔不群，超然脱俗。据《晋书·阮籍传》载：阮籍字嗣宗，相貌出众，志气远大，率性而为，不受羁绊，又善为青白眼，见礼俗之士，则以白眼对之。他母亲去世，名士嵇喜前往吊唁，阮籍翻白眼看他，嵇喜一生气，走了。嵇喜的弟弟嵇康听说了，于是带上酒，拿着琴，去拜访他。阮籍大是高兴，嵇康这才看见他的黑眼珠。因此，礼法中人痛恨他像痛恨仇人一样。为能喝到好酒，阮籍还曾到兵营里担任步兵校尉，故号“阮步兵”。敦敏说雪芹借酒浇“新仇旧恨”，无奈胸中充斥着浇不灭的愤懑，青眼看天，白眼看人，充分显示了他淡泊名利、啸傲世俗的高傲秉性。

敦诚提到，当时雪芹的生活艰难到了“举家食粥”的程度。“举家”，自然包括雪芹夫妻二人和孩子——妻子无疑是雪芹于1759年初春从南京归来时续娶的那位“芳卿”了。家境贫寒到了这般地步，身居穷乡僻壤，蓬门陋室，旧交新友见了都难免要为他唏嘘；追忆昔日的富贵荣华，犹如春梦。面对眼前与他同甘共苦的“秦淮旧人”，他唯有“燕市哭歌”，悲叹人生戏剧性的聚散离合，与她共同回忆“秦淮风月”的鼎盛繁华。但他生就的铮铮傲骨，使他不愿意偷生于为显示“德色”而对他表示同情、施舍的权贵之门，于是他愤然而去，离开了京城，隐居乡下，日暮则望西山而长啸，酒醉则翻白眼而看人。

对照研读二敦的这两首诗和敦敏的《瓶湖懋斋记盛》，我们可以肯定地说：曹雪芹自从乾隆二十三年春夏搬迁至白家疃之后，一直生活在那里，直到去世。

下面这首小诗是乾隆二十六年深秋的一天，敦敏独自再去西郊探访好友，缘悭一面，即兴而作。大概作者因访友不遇，心情郁郁，遣词造句，处处流露出一种黯然神伤的情调。

访曹雪芹不值

野浦冻云深，柴扉晚烟薄。
山村不见人，夕阳寒欲落。

诗写得明白如话，就不解读了。

敦敏两次前往白家疃造访曹雪芹，都扫兴而归，其间雪芹在哪里呢？原来他有个叔父寄寓在千佛寺里，其时他正在那里帮助于叔度扎绘风筝呢。

【注释】

〔1〕《熙朝雅颂集》题作《赠曹雪芹》。

〔2〕僧舍:《熙朝雅颂集》作“僧壁”。

〔3〕哭歌:《熙朝雅颂集》作“狂歌”。

〔4〕风月:《熙朝雅颂集》作“残梦”。

〔5〕“一醉”句:《熙朝雅颂集》作“都付酕醄醉眼斜”。酕醄:大醉的样子。“白眼斜”,诗钞手稿原作“读楚些”。“楚些”即楚辞。《招魂》等赋每句都用楚方言“些”结尾,故称。

〔6〕《四松堂集》抄本诗卷题作《赠曹芹圃》,作者注:“即雪芹”。

〔7〕今雨:借指新朋友,兼喻人情冷暖,世态炎凉。杜甫《秋述》:“秋,杜子卧病长安旅次,多雨……常时车马之客,旧雨,来;今雨,不来。”南宋范成大《题请息斋六言》诗:“冷暖旧雨今雨,是非一波万波。”

〔8〕“司业”句:语本杜甫《戏简郑广文虔兼呈苏司业源明》诗:“广文到官舍,系马堂阶下。醉则骑马归,颇遭官长骂。才名三十年,坐客寒无毡。赖有苏司业,时时乞酒钱。”大意是说,郑虔享有才名,但生活贫寒,常去苏源明家喝酒,醉则骑马归。郑虔,字若齐(一作弱齐),是唐代著名的文学家和艺术家,其诗、书、画被唐玄宗誉为“三绝”,曾在广文馆任职,故又名郑广文。苏源明,原名预,字弱夫,武功人,曾任国子司业(国子监的学官)之职。曹雪芹曾在右翼宗学任教,故有此一说。

〔9〕何人肯：《四松堂诗钞》抄本、《四松堂集》皆作“阿谁买”。

〔10〕猪肝食：《后汉书》记载：东汉闵仲叔是个很有气节的人，住在山西安邑，因年老家贫，无钱买肉，只能每天买一片猪肝。店主嫌麻烦，常不肯卖给他。安邑县令知道后，便指派县吏照顾他。但仲叔不愿为生活琐事牵累别人，便离开安邑，迁居他乡。

〔11〕“日望西山”句：雪芹居住的白家疃西，有两座山峰，当地人至今仍称“西山”。餐暮霞：旧时有仙人餐霞饮露的说法。颜延之《五君咏》诗：“中散（指嵇康）不偶世，本自餐霞人。”

〔12〕董邦达：清代官员、书画家。关于此人，详见张宜泉《题芹溪居士》一诗解析。

〔13〕残文：据吴恩裕先生说，原抄本的许多纸页因受潮粘连在一起，勉强揿开，不少字句脱落。吴老根据上下文意和残缺笔画予以校补。凡补出的字用〔〕表明，无法校补的，则用□表示，作者敦敏注文用（原注……）表明。原注在原本中都是双行小字，今统一改为一行。

六、佩刀质酒歌燕市

【地点：北京槐园　时间：1761 年秋
（乾隆二十六年）】

那是晚秋的一个凄风飘雨的早晨，雪芹从白家疃进城，到宣武门内槐园去访晤敦敏，与敦诚不期而遇。当时，敦敏尚未起床，雪芹已“酒渴如狂”。敦诚身上没有带钱，于是“解佩刀沽酒”。雪芹感念莫名，遂作长歌面谢；敦诚亦作《佩刀质酒歌》唱和。

对于了解曹雪芹的个性和才华有重要意义的这首诗，只能在敦诚的《四松堂集》的手稿本中看到，刻印本却未予刊出。就其写作时间和诗序内容而言，有几个问题令人费解——这我们留待下面再说，先来说诗。

佩刀质酒歌

秋晓，遇雪芹于槐园。风雨淋涔，朝寒袭袂。时主人未出，雪芹酒渴如狂，余因解佩刀沽酒而饮之。雪芹欢甚，作长歌以谢余，余亦作此答之。

我闻贺鉴湖，不惜金龟掷酒垆[1]。
又闻阮遥集，直卸金貂作鲸吸[2]。

嗟余本非二子狂，腰间更无黄金珰[3]。
秋气酿寒风雨恶，满园榆柳飞苍黄。
主人未出童子睡，斝[4]干瓮涩何可当？
相逢况是淳于辈，一石差可温枯肠[5]。
身外长物亦何有？鸾刀昨夜磨秋霜。
目酣满眼作软饱[6]，谁暇齐鬲分低昂[7]！
元忠两褥何妨质[8]，孙济缊袍须先偿[9]。
我今此刀空作佩，岂是吕虔遗王祥[10]？
欲耕不能买犍犊[11]，杀贼何能临边疆？
未若一斗复一斗，令此肝肺生角芒[12]。
曹子大笑称快哉，击石作歌声琅琅。
知君诗胆昔如铁，堪与刀颖交寒光。
我有古剑尚在匣，一条秋水[13]苍波凉。
君才抑塞倘欲拔，不妨斫地歌王郎[14]！

诗以“佩刀质酒”为题，有两层含义：其一，作者实话实说，旨在突出他们交情之非同寻常；其二，佩刀质酒是传统文人习以为常的佳话，作者在诗中一口气连用四个或用佩刀或用身边贵重物品作为抵押换酒喝的典故（详见注释），说明他们都是情趣雅逸、重友轻财的高士。

这首长诗一气呵成，宛若喷涌的急流，滚滚而下，浪花飞溅。重情轻财，千杯未醉，再加上有朋友“击石

作歌声琅琅”——这样的氛围，鼓舞着诗人与好友逸兴遄飞。虽然表现雪芹可与刀剑寒光交相辉映的“长歌”，我们已经无法一睹风采了，但不难想象，他的诗一定慷慨激昂，豪气冲天。敦诚通篇连用许多典故，诗意流畅，情感强烈，全诗的情趣句句围绕雪芹超凡脱俗的个性展开。敦诚说，我虽然没有贺知章和阮孚那样一掷千金的条件，也没有鲸吸的海量，但在这凄风苦雨、榆柳飞黄的季节，在“主人未起童子睡”的清晨，既然巧遇知酒善饮的至交，怎能不为瓶空酒尽而愧疚？更何况我和你就像淳于髡一样，酒逢知己千杯少，说不定今天要喝上十斗八斗才可以勉强尽兴呢！——这就是前十二句所描述的情景。

“身外长物亦何有”至“令此肝肺生角芒”十二句，以淋漓酣畅的笔墨刻画了作者为解朋友“酒渴如狂”的窘迫，典当佩刀换酒的心理活动和慷慨豪爽。作者发现自己周身没有任何多余的东西，只有一把昨夜打磨的明若秋霜的佩刀还算值钱，于是毫不犹豫当刀换酒，也不管酒之优劣，只求能和朋友开怀畅饮。他还想：既然李元忠和孙济为了解酒瘾，情急之下，连御寒的被子和袍子都舍得拿出去换酒，我这把佩刀，一不能送人，二无须买牛耕田，三不能杀贼卫国，还不如换成杯中物，今天来个一醉方休，也好让雪芹像当年苏东坡那样，酒浇肝肠，好在腹中有如竹之枝杈、石之棱角般地生成，说不定他会蘸墨挥毫，再作一副竹石图呢！要知道，我的这位狂友，可是一个喜欢酒后作画，而且是个善画奇石的高手啊！

最后八句，作者以声情并茂的笔墨为雪芹画像：“曹子大笑称快哉，击石作歌声琅琅。”——只此两句，便把曹雪芹豪情满怀的形象生动鲜明地呈现在我们面前了。由好友琅琅的歌声，按节击石的动作，作者体察到了他超凡脱俗的情怀，于是接着说：我知道你的“诗胆”充满阳刚之气，向来铿锵有如金石，可与刀剑争辉，光芒四射，寒气逼人；我的佩刀虽然已经“质酒”，但家中剑匣中还有一把“古剑”，青幽幽的剑锋宛若秋水，光波苍茫，令人望而生畏。曹君你如若渴望一吐胸中压抑阻塞的不平之气，我就把剑赠送你，好让你击剑高歌，倾吐愤懑。——若非意气相投的知交，能有如此灵犀一点的默契，豪气冲天的然诺吗？

曹雪芹“抑塞欲拔”的愤懑，难道真的仅仅是因为怀才不遇吗？非也！家族命运的大起大落，“家亡人散”的凄惨结局，才是个中的真正原因。只不过由于种种畏忌，敦诚不能明说罢了。

对于该诗句，这样的解读，大体上没有多少异议，但在对诗前小序的解释上却存在着较大的分歧。蔡义江的《红楼梦诗词曲赋鉴赏》对小序是这样注释的：

乾隆二十七年壬午（1762）秋天的一个清早，正下着雨，秋风冷彻衣衫，曹雪芹从西郊来到北京宣武门内太平湖侧的槐园访敦敏，却和敦诚巧遇。当时，敦敏还未起床，雪芹“酒渴如狂”，敦诚于是“解佩刀沽酒而饮之”。雪芹乘兴作长歌以谢。敦诚也就写了这一首诗作答。

这里有一些细节，作者语焉不详，注者的理解也不妥当。譬如，从北京西郊白家疃到宣武门敦敏的别墅槐园，有50多里远，当雪芹赶到敦敏家时，主人还没有起床，难道雪芹是在午夜即起程赶路？诗和序都未透露有任何急事，雪芹有半夜起程的必要吗？此其不可解之一。

诗中说“主人未出童子睡”，以往的解释是童仆与主人睡在一起，当雪芹到达时，童子还在睡梦中，主人虽然醒来了，但还没有出门，这就有些匪夷所思了。敦敏作为清朝贵族子弟，即便家境已经衰落，也不会与下人住在一起。此其不可解之二。

敦诚为什么要冒着秋寒，大清早匆匆忙忙赶往长兄的住处？“遇雪芹于槐园”是在庭园中与雪芹照面的呢，还是在居室里？此其不可解之三。

诸如此类的问题看似生活细节，仿佛无关宏旨，以往各家都没有认真去思索。其实，如若合情合理地解读，不但可以澄清多年来红学家们纠缠不休的争论，更重要的是可以对雪芹与敦氏昆仲非同寻常的友情和交往获得清晰的认知。

首先，这首诗的写作时间就值得商榷。对于这首诗的写作时间，有两种说法：一说写于乾隆二十七年壬午（1762）秋；一说此诗在《四松堂集》刻本中编年为癸未（1763），刻本诗编年严谨，故知诗作于癸未秋。

如果雪芹病逝于乾隆二十八年癸未除夕，敦诚的这首诗写于同年深秋。也就是说，离他去世只有三个月左右。而看当时雪芹的精神状态，哪有半点不久于人世的样子？更不可思议的是，在我们下面要讲到的敦诚的《挽曹雪芹》一诗中，作者在“孤儿渺漠魂应逐”句末注云：“前数月，伊子殇，因感伤成疾。”要知道，这孩子是曹氏家族曹寅一支三世单传的独苗。儿子夭折，意味着曹家这一支从此无后。在“不孝有三，无后为大”的根深蒂固的传统意识下，雪芹能不痛彻心脾？在这种情况下，怎可能还会和敦诚纵酒长歌，“大呼快哉”呢？

假如诗作于上一年即壬午年秋，矛盾虽然解决了，可惜因对雪芹的卒年有两种说法，诗作于何年也有两种说法，所以这样来化解矛盾，依然不能令人满意。

比较合理的解释应该是这样：乾隆二十六年（1761）夏秋之交，因二敦曾两次去白家疃探访雪芹而不遇，且留诗纪行，雪芹知道后，当即决定去槐园回访，以表歉意，这在人际交往中是合乎情理的礼尚往来。他从西郊出发，到了槐园，天色已晚，况且又是久别重逢，欣喜过望，于是与敦敏把酒言欢，彻夜长谈。同时，敦敏自然会想到敦诚，于是设法通知他尽快来家，分享快乐。雪芹是位“斗酒诗百篇”的豪饮之人，两人酒助谈兴，话到杯干，不知不觉，酒也喝完了，夜也深了，无可如何，只好就寝。敦敏还特意安排童子服侍客人，自己回屋休息。我们知道，清朝贵胄住所的建筑格局都是前庭后院，家长住后院的堂房，来客住在客房里。当敦诚一大早匆匆赶来的时候，雪芹大概因余兴未尽，起身较早，孤寂无聊，四下寻觅，再也找不到可饮之物，于是信步走到院子里，表现出一副“酒渴如狂”的难耐之状。当时，敦敏还没有起床，服侍雪芹的童子还在酣睡。正是在这时候，敦诚一进门，在“榆柳飞苍黄”的院子里看见了朋友，发现他酒瘾发作，毫不犹豫解下佩刀来“沽酒而饮之”，于是才有“雪芹欢甚，作长歌以谢”的情景。

因此可以说，这首诗肯定不是写于癸未年秋。也就是说，编年有误，但却证明了雪芹卒于“癸未除夕”，而不是“壬午除夕”。

【注释】

〔1〕“我闻”二句：唐诗人贺知章是会稽（今属浙江）永兴（今萧山）人。绍兴城西南有鉴湖，知章性豪放，好饮酒，与李白等八人友善，时称“醉中八仙”。天宝初，请为道士，还乡里，诏赐鉴湖，建千秋观隐居其内，人称“贺鉴湖”。李白在《对酒忆贺监》诗序中说：唐玄宗天宝初，他从四川到长安，贺知章读其《蜀道难》，叹为“谪仙人”，便解金龟换酒，同李白整日痛饮。金龟：唐代三品官的佩饰。酒垆：旧时酒店里安放酒瓮的土台，代指酒店。

〔2〕“又闻”二句：《晋书·阮孚传》载：阮籍之孙阮孚，字遥集，好饮酒，他任散骑常侍时，曾将皇帝御赐的冠饰金貂换酒喝。鲸吸：以鲸鱼吸海水比喻狂饮，语本杜甫《饮中八仙歌》“饮如长鲸吸百川”。

〔3〕黄金珰：以黄金镶嵌的一种佩玉。

〔4〕斝：盛酒的器皿。

〔5〕“相逢”二句：据《史记·滑稽列传》载，战国时淳于髡多智善辩，齐威王问他喝多少酒才醉，淳于髡回答说：“臣饮一斗亦醉，一石亦醉。”威王怪之，问其故，曰：“酒极则乱，乐极生悲。”齐王乃罢长夜之饮。这里比喻雪芹诙谐善饮。石：指容量单位，十斗为一石。差：基本可以的意思。

〔6〕酤满眼：打酒满到盛器上的绳眼的意思。杜甫《入奏行赠西山检察使窦侍御》中有“为君酤酒满眼酤”的诗句。软饱：江浙方言，指饮酒，语本苏轼《发广州》诗：“三杯软饱后，一

枕黑甜余。”

〔7〕齐鬲：“脐膈”的谐音。《世说新语·术解》载，桓温有一位主簿，善别酒之优劣，他称好酒为“青州从事”，劣酒为“平原督邮”。因为青州有齐郡，表示饮好酒能至“脐”；平原有鬲县，表示饮劣酒只停留在“膈”上。

〔8〕“元忠”句：《北史·李元忠传》载，李因喜酒，且肯救济穷人，虽“仪同三司”，家里却很穷。一天，孙腾、司马子如二人去看他，“逢其方坐树下，葛巾拥被，对壶独酌。庭室芜旷，使婢卷两褥以质酒肉”。

〔9〕“孙济”句：三国时孙权的叔父孙济，经常以缊袍偿付酒店的酒债（《江表传》）。缊：新旧混纺的丝绵。

〔10〕吕虔遗王祥：《晋书·王览传》载，三国魏时，徐州刺史吕虔和别驾王祥是好友，吕有一把好刀，有人说佩带这把刀可以位至三公，吕虔便把刀送给了王祥。此典比喻友情重于功名。

〔11〕“欲耕”句：据《汉书·龚遂传》，龚遂做渤海太守时，看到百姓有带刀剑的，就叫他们卖剑买牛，卖刀买犊，好好耕田。犍：阉过的牛。“欲耕不能”：《熙朝雅颂集》作“欲耕不值”。

〔12〕肝肺生角芒：语本苏轼《郭祥正家醉画竹石壁上郭作诗为谢且遗古铜剑》诗：“空肠得酒芒角出，肝肺槎牙生竹石。”角芒：同“芒角”，即棱角。

〔13〕秋水：比喻刀剑清冷明快，这里代指在匣的古剑。

〔14〕斫地歌王郎：语出杜甫《短歌行赠王郎司直》诗：“王郎酒酣拔剑斫地歌莫哀，我能拔尔抑塞磊落之奇才。”这里反其意而用之。

七、“小诗代简”起波澜

【地点：北京槐园　时间：1763 年春

（乾隆二十八年）】

敦敏的这首诗，和上一首的编年诗，以往都认为作于乾隆二十八年癸未，因此导致了关于曹雪芹卒年的长期争辩。主“癸未”的说：写于癸未（1763）春的《小诗代简寄曹雪芹》出自“严格编年”的《懋斋诗钞》。倘若雪芹于上年除夕已死，敦敏怎么会邀请一个死人去赏花饮酒呢？

小诗代简寄曹雪芹

东风吹杏雨，又早落花辰。
好枉故人驾，来看小院春。
诗才忆曹植，酒盏愧陈遵。
上巳前三日，相劳醉碧茵。

这首代替书信的诗，是敦敏为其弟邀请曹雪芹赴敦诚 30 岁生日家宴而作。据《爱新觉罗宗谱》，敦诚生于雍正十二年（1734）三月初一，诞辰虽在上巳前，但可以提前一天喝寿酒，喝到第二天寿辰。《懋斋诗钞》在此诗后第三首《饮集敬亭松堂》一诗中云："阿弟开家宴……中和连上巳……卜昼更卜夜，拟宿松堂中。"

诗的大意是说：值此东风化雨的初春，恰逢杏花飘落的时节，正好邀请你来我家小院饮酒赏花。你的绝世才华可与曹植相比，虽然我的酒量不如陈遵，但能和好友欢聚，我也管不了那么多啦。时间定在三月三上巳日的前三天，务必请你屈尊光临。

诗中以曹植比拟雪芹，可见作者对其诗才的推崇。曹植才思敏捷，南北朝宋诗人谢灵运曾赞美他说："天下才有一石，曹子建独占八斗。""酒盏"句用的是陈遵好客的典故。据《汉书·陈遵传》载：陈遵嗜酒，每大宴宾客，都要把来客的车辖投入井中，怕客人中途离去。

诗的内容和意趣平淡无奇，但从中我们不难感受到敦敏与雪芹的深情厚谊。

八、长歌当哭

【地点：北京西山　时间：1764 年（乾隆二十九年）】

在曹雪芹的至亲好友记述他的所有诗作中，敦氏昆仲的这几首悼亡诗有着特殊的意义。之所以这样说，是因为敦氏昆仲的每一句诗几乎都关系到曹雪芹的生平事迹和才情风骨，以及《红楼梦》的创作，特别是关系到这位盖世奇才的卒年和葬地。因此凡是与此有关的细节，我们结合挽诗，有必要详加阐述。

敦诚的挽诗见《四松堂集》抄本，作于乾隆二十九年甲申（1764）。后来又在他的《鷦鷯庵杂记》发现了挽诗初稿二首。从内容上看，“四十年华付杳冥”是定稿。

挽诗写于祭奠亡灵与安葬之时，写的都是当下的所见所闻，因而句句给人以身临其境之感。

挽曹雪芹

一

四十萧然太瘦生[1]，晓风昨日拂铭旌[2]。
肠回故垄孤儿泣[3]，泪迸荒天寡妇声。
牛鬼遗文悲李贺[4]，鹿车荷锸葬刘伶[5]。
故人欲有生刍[6]吊，何处招魂赋楚蘅[7]？

二

开箧犹存冰雪文，故交零落散如云。
三年下第[8]曾怜我，一病无医竟负君！
邺下才人[9]应有恨，山阳残笛[10]不堪闻。
他时瘦马西州路[11]，宿草寒烟对落曛。

挽曹雪芹　甲申[12]

四十年华付杳冥，哀旌一片阿谁铭？
孤儿渺漠魂应逐，新妇[13]飘零目岂瞑！
牛鬼遗文悲李贺，鹿车荷锸葬刘伶。
故人惟有青山泪[14]，絮酒生刍上旧坰[15]。

敦诚的挽诗，尤其是初稿，无论是从写景还是言情看，都是下葬时所作。然而因为对诗句的理解不同，公说婆说，依然争辩不休。对于第一句“四十萧然太瘦生”，就有两种截然不同的解释，对于曹雪芹的岁数的争论也与此有直接关系。

对挽诗整体上理解的不同，主要是主张雪芹卒于“癸未”年的人，用这两首诗反驳“壬午”说，认为诗写于乾隆甲申年（1764），即安葬死者的时候。这是作者于甲申年写的第一首诗，所以纪年肯定不会错。从诗意来看，敦诚很可能亲自参与了雪芹的丧葬。如果雪芹死于壬午年（1762），已经时隔一年有余，怎么会有这种事情发生，怎么能说“晓风昨日拂铭旌”呢？如果雪芹死于癸未（1763）除夕，停尸待葬之时，就已经是甲申年（1764）的春初了，择日安葬自然是情理中的事。这样理解，接下来的每一句也就容易解读了。

对于曹雪芹生年和岁数推算的分歧主要是由于对“四十萧然太瘦生”这句诗理解不同而产生的。许多红学家望文生义，认定作者说雪芹只活了 40 岁，并由此推断他的生年。胡适认为雪芹死于壬午年，前推 40 年，其生年在雍正元年（1723）。可是他马上又觉得，一个只活了 40 年的人，去掉他童年期的十几年，仅用 20 多年的时间“披阅十载，增删五次”，撰写一部惊世骇俗的长篇巨著，是不可能的事，于是凭空给曹雪芹增加 5 岁，说活了 45 岁。周汝昌先生也坚守 40 岁说，认为曹雪芹出生于 1724 年。可是这样一来，许多事情就无法自圆其说了。譬如，雪芹假若出生于雍正二年（1724），曹家第一次被抄家是在 1727 年（雍正五年）；次年进京，其时雪芹只有三四岁。我们知道，《红楼梦》对宁荣二府鼎盛时期表现在衣食住行方方面面的繁荣景象，都是由于作者亲身经历过曹家江南织造府“烈火烹油，鲜花着锦之盛”，掌握了许多丰富的素材之后，才能写得那么真实生动，让人读了仿佛身临其境。倘若曹雪芹当年只是一个三四岁的无知蒙童，怎么可能认知并掌握如此繁杂的生活素材和人物形象呢？此其一。

如果曹雪芹是 4 岁进京，在虎门与敦氏昆仲相处“数晨夕”时，年龄也就是 20 岁左右，与二敦年岁相仿，无论从学识还是资历，都没有资格出任专供皇室宗族子弟就学的学府的职员。此其二。

倘若雪芹只活了 40 岁，乾隆二十六年（1761），当他离开右翼宗学，迁居西郊后，已经是 37 岁上下的人了，离去世仅有三四年，哪有时间和精力撰写两部皇皇巨著——《红楼梦》和《废艺斋集稿》？即便是从进京后就已经开始构思、起草《红楼梦》，纵然是天才，那也得等到 20 岁之后，有了相当渊博的学识之后才有可能。一个只活了 40 岁的“举家食粥酒常赊”的落魄子弟，有那么优越的条件和悠闲的岁月完成如此浩大的工程吗？此其三。

这样看来，所谓曹雪芹享年 40 岁的说法根本就不能成立。所以，对于“四十萧然太瘦生”和“四十年华付杳冥”这两句诗必须重新解读。

我的理解是，“四十”不是指曹雪芹的寿数，而是指二敦与雪芹相识相知的时间有四十多年了。雪芹 14 岁进京，乾隆四年再次被抄家，亲身经历过江南荣华富贵生活的 25 岁的曹雪芹，再次目睹了一个大家族的破灭。按享年 49 岁计，在随后的 24 年的时间里，他才有时间构思、撰写《红楼梦》。而且，在家族破灭后不久，他也许正是在一些已经结识的贵族朋友的举荐下，才有可能在右翼宗学任职，得以维持生计，也才有了与二敦“当时虎门数晨夕，西窗剪烛风雨昏”的亲密接触。从 14 岁到 49 岁，其间是 35 年，写诗的话，可以概述为“四十萧然太瘦生”，亦不为过。

在这将近 40 年的交往中，曹雪芹给二敦最鲜明的印象是什么呢？瘦骨伶仃，面容憔悴。对于一个历尽沧桑而才情出众的落魄子弟来说，有什么比这样的描写更真实更形象呢？——这就是“四十萧然太瘦生”告诉我们的。它反映了作者对朋友的无比同情，又暗喻着对他们患难友情的深长感慨！

或许是因为作者觉得这样概述雪芹，有失表面化，难以表达朋友后半生的非凡成就，于是在定稿中改作“四十年华付杳冥”。这里的“四十”不单是指曹雪芹在北京生活的岁月，更多的是指他将一生的“年华”奉献给文学创作的艰辛。然而当作者回望坟头飘拂的魂幡时，知道这一切只能交付给渺茫的未来了。在遥远的将来，“哀旌一片阿谁铭”——谁会为他撰写墓志铭，评价他给后人留下的不朽遗产呢？这里的“杳冥”不是指坟墓，而是暗喻渺茫难知的未来。

初稿第一首与定稿的颔联皆以爱子夭折与遗孀悲苦对举，而且保留了“前数月，伊子殇，因感伤成疾”这则原注。据香山地区民间传说，曹雪芹独生子于羊年（1763）出天花后死于中秋节。蒋士铨[16]1763年有《痘殇叹》一诗云：“三四月交十月间，九门出儿万七千。郊关痘殇莫计数，十家褴褛一二全。”（《忠雅堂诗集》）敦敏、敦诚家亦有五人死于当年的天花，雪芹的小儿子很有可能也是死于这次天花疫情。初稿“肠回故垄孤儿泣”的意思是说：夭折的爱子的生母已然去世，如今又得知父亲辞世，成了真正的孤儿，他的阴魂想必要在埋葬他的坟头徘徊不已，日夜哭泣吧？“故垄”指的是孩子的坟冢，而不是埋葬雪芹的新坟。定稿时，作者觉得挽诗应当以亡友为追悼主体，写孤儿有些不妥，于是改为“孤儿渺漠魂应逐”。这句诗的正常次序是“应逐孤儿渺漠魂”，因为诗律要求，将动词后置了。所以，按照正常词序，这一句的意思是说：想必亡友的灵魂此时正在广漠无际的荒野里奔波，希望能找到爱子的亡灵，重新与之相聚。

“泪迸荒天寡妇声”是安葬雪芹时，作者看到的真实情景。在定稿时，怕读者对“寡妇”一词产生误解，因而改为“新妇飘零目岂瞑”，点明了为雪芹送葬的是再婚的“新”人。这也为我们证实了在书箱上题写《悼亡诗》的芳卿确有其人，确有其事。

初稿第一首的颈联在定稿中一字不差地保留了。首句是对曹雪芹诗才的赞誉，说当作者挥泪安葬好友之际，情不自禁想起“鬼才”李贺。雪芹赋诗，瑰丽怪异，想象奇特，才高命蹇，也如同李贺。末句是从思想品德方面描写雪芹，说他像刘伶一样，嗜酒傲世，蔑视礼教，因而不为世俗所容。当年刘伶乘车携酒，要人扛着铁锹尾随其后，吩咐“死了当地埋葬”。如今朋友因酒而亡，自己真成了埋葬“刘伶”的“荷锸”者，而且真的是随便找了个地方草草埋葬。关于雪芹诗近李贺、嗜酒好饮的性格，敦诚在与友人的联吟时也曾提及，说雪芹“诗追李昌谷……狂于阮步兵”[17]。所谓“阮步兵”，就是西晋“竹林七贤”之一的阮籍。他诗酒啸傲，惯以“青眼看天，白眼看人”，是中国文学史上的一朵奇葩。

这两句诗运用典故表达了对曹雪芹恃才傲世、不同流俗之情怀的由衷赞赏，透露出好友是被草草安葬的真实情况。

以下的诗句，初稿和定稿的内容已经截然不同。先来看初稿。

第一首的尾联流露出作者的无限怅惘。他说：你的依然在世的老朋友们如果再想准备好祭祀的牲礼，来你坟前祭拜的时候，到哪里去召唤你的灵魂，像从前那样，再在一起吟诗酬唱呢？

第二首的首联是对作者与雪芹四十年间深厚友情的回顾和感慨万千的抒情。“开箧犹存冰雪文”是敦诚在帮助“新妇”整理雪芹遗物时的感想。当他看到亡友留存在书箱里的文稿后，发现曾经在朋友们中间传阅的《红楼梦》和《废艺斋集稿》等著述还在，可惜朋友们如今已经风流云散，相继作古，再也不能一起欣赏这些“冰雪文”了。“冰雪”通常是形容文章辞意高雅清新，有如冰清玉洁，晶莹剔透。唐李咸用《览友生古风》一诗云：“一卷冰雪言，清泠泠心骨。分明古雅声，讽谕成凄切。”敦诚此句，亦取此意。

颔联是说作者自己在虎门右翼宗学考试时三次落榜，

雪芹曾对他表示深切同情；而当朋友因丧子卧病时，自己未能及时援救，请医生治疗，现在想起来追悔莫及，感到有负于好友。昔日朋友对自己的怜悯，和自己对朋友患难时的漠视，两相对比，突出了曹雪芹富于同情心的高尚品格。

颈联是回忆他们酒朋诗友经常聚会，赋诗论文的盛况，有如当年的“建安七子”。而如今人才云散，倘若日后再经过从前的聚会之地，情何以堪！

末联是作者设想日后如若重来雪芹的墓地时，会做何感想。他说，如果来年我再经此地，望着坟头的青草在夕阳西下的寒烟中瑟瑟颤抖，怎能不满怀凄凉？

定稿时，敦诚将一腔低回婉转的抒情浓缩成了一句话：“故人惟有青山泪，絮酒生刍上旧垧。”——千言万语，我只有效仿当年范传正为李白迁葬那样，将你的遗骸迁回祖茔，准备好祭奠的牲礼，为你上坟了。

以往在解读定稿的这句诗时，由于对“旧垧”一词理解不同，于是引起争论，始终没有达成共识。《汉语大辞典》对“垧”字注释得清清楚楚，是指远郊的野林草地。为什么非要在“新坟”还是“旧坟”上纠缠不清呢？

主张曹雪芹卒年是壬午除夕的人说，敦诚的诗写于甲申，也就是说，距死者下葬已隔一年，所以“旧垧”是指雪芹临时安葬于西山某处的坟地。如果是死于癸未除夕，过起年来即葬，怎么能说是“旧垧”呢？

主张癸未说的吴恩裕先生说：

> 挽诗是送葬归后所写的诗而不是上坟的诗。……“昨日”“他时”都可证明是送葬，不是过了一年多来上坟的诗。主壬午说者也可以说，即使送葬，安见其非壬午除夕死后，停灵年余到了甲申正月才葬？须知，由“前数月，伊子殇”的词气，固已能证明雪芹死期极近，而由“一病无医竟负君”一句，则生时贫困落拓之雪芹求医且不能，岂有死后尚讲排场经年而葬之理？所以，综合观之，雪芹实系死后不数日即葬。至于把“上旧垧”解作“上雪芹那个旧坟”，早已有人指出那完全是一种误解了。

仔细体会这首诗，不难发现持壬午、癸未的两派，都没有正确理解诗句的含义。我们应当设身处地思量一下当时的情况：曹家既然在北京东郊的潞河旁有祖坟，在认祖归宗的传统观念支配下，雪芹最终势必要回归祖坟。应当想到，雪芹死在除夕之夜，正是天寒地冻的时节，从西山的白家疃到东郊的潞河（即今通州区通惠河）直线距离有 100 多里远，雪芹的家境又是那样贫寒，怎可能即时送灵到祖坟安葬？因此就近临时找个地方草草掩埋是最现实的做法。不能归葬祖坟，对于曹雪芹来说，自然死不瞑目。正因为此，敦诚才说：我惟有强忍“青山泪”，总有一天会满足你的心愿，将你迁葬祖坟。到那时，我一定会准备好上坟的礼品，前去祭奠你。由此来看，所谓“上旧坰”，是指日后去祖坟祭拜雪芹，而不是指当时下葬的新坟。关于这一点，我们下面在解读敦敏的诗时，会看得更明白。

读懂敦诚的这三首挽诗，就能够确定以下几个与曹雪芹的身世有关的重要事实：

一、“四十”不是指曹雪芹的寿数，而是指他在北京生活的岁月，以及与朋友交往的时间；

二、父子病亡于同一年，即乾隆二十八年癸未；

三、雪芹再婚确有其事，身后遗有收藏其书稿的两个书箱；

四、限于当时的客观情况，雪芹是临时找了个地方草草安葬的；

五、敦诚因此心有不安，表示来日将朋友迁归祖坟后，再准备前往其祖先的旧坟去祭奠他。

雪芹归葬祖坟的事，有没有证据呢？有。这就是敦敏在其弟写下这三首挽诗的次年，即乾隆三十年（1765）写于潞河的悼亡诗。

【注释】

〔1〕太瘦生：语本欧阳修《六一诗话》：“李白《戏杜甫》云：‘借问别来太瘦生，总为从前作诗苦。’‘太瘦生’，唐人语也，至今犹以‘生’为语助，如‘作么生’ ‘何似生’之类是也。”

〔2〕铭旌：殡礼中用的灵幡，上书死者头衔、姓氏，悬挂在灵柩旁的长竿上。

〔3〕此句与定稿第三句皆有作者原注：“前数月，伊子殇，因感伤成疾。”

〔4〕“牛鬼”句：杜牧给李贺诗集写序说：“鲸呿鳌掷，牛鬼蛇神，不足为其虚荒诞幻也。”(《李长吉歌诗叙》)

〔5〕“鹿车”句：晋代“竹林七贤”之一的刘伶好饮酒，“常乘鹿车，携一壶酒，使人荷锸随之，曰：‘死便埋我。’”(《太平广记》)这里用此典，有自谦之意。鹿车：一种窄小的牛车。荷锸：扛着铁锹的意思。

〔6〕生刍：语本《诗经·小雅·白驹》：“生刍一束，其人如玉。”刍：新刈的草。结草吊丧是古时的礼俗。

〔7〕招魂赋楚蘅：《楚辞》有《招魂》，又《楚辞》多写香草，故云。蘅：杜蘅，多年生草本植物。

〔8〕三年下第：敦诚在乾隆二十年22岁时参加虎门宗学考试前，曾三次考试皆落榜，故有此一说。

〔9〕邺下才人：邺乃汉县名，在今河北临漳境内。汉末建安时期，以曹操父子为核心的文学人才云集于此，如孔融、陈琳、

王粲等，习称“建安七子”。

〔10〕山阳残笛：典出《晋书·向秀传》。向秀与嵇康、吕安友好，后嵇、吕被杀，向秀经过二人的旧居，听见邻人吹笛，伤感至极，因作《思旧赋》。后人称这个故事为“山阳闻笛”。

〔11〕西州路：典出《晋书·谢安传》。谢安之甥羊昙为谢安所爱重。谢安临终前，回建康（南京），车入西州门。谢安死后，羊昙怕触动哀思，从不经过那里。一次大醉，不觉走到了西州门，他发觉后痛哭而返。

〔12〕甲申：作者定稿编年。甲申为乾隆二十九年（1764）。

〔13〕新妇：原稿作“寡妇”，显然是指曹雪芹的继室，作者在定稿中改为“新妇”，是怕让人误以为是雪芹的前一个妻子。

〔14〕青山泪：典出范传正为李白迁葬事。李白死，葬龙山，唐宪宗朝，光禄卿范传正将其迁葬于李白生前所爱的青山。作者用此典，有当时就近安葬，日后迁回祖茔之意。

〔15〕“絮酒”句：“絮酒”和“生刍”均为新丧时的祭祀牲醴。《后汉书·徐稺传》李贤注说，徐稺遇“有死丧，负笈赴吊，常于家豫炙鸡一只，以一两棉絮渍酒中，曝干以裹鸡”，以为祭品。旧坰：郊外祖先坟茔之意。

〔16〕蒋士铨：（1725—1784），字心馀，号藏园、清容居士，晚号定甫，清代戏曲家、文学家，江西铅山人，乾隆二十二年进士，任翰林院编修，与袁枚、赵翼合称江右三大家。

〔17〕“诗追”二句：这两句诗见敦诚《四松堂诗钞·荇庄过草堂命酒联句，即检案头<闻笛集>为题。是集乃余追念故人，录辑其遗笔而作也》。荇庄：龚怡（紫树）弟，余不详。其兄紫树系落魄文士，敦诚好友，病死于京师破庙。

九、潞河凭吊

【地点：北京潞河　时间：1765 年（乾隆三十年）】

敦诚为雪片送葬的时候，写下了上面三首挽诗。按理说，敦敏也应当有挽诗，可是不知为什么至今没有发现。但在雪芹去世的第二年，当把他的遗骸归葬于北京东郊的祖坟后，敦敏在与友人宴饮于潞河时，曾写有数篇凭吊亡友的诗，其中一首与曹雪芹有关。敦敏的诗集《懋斋诗钞》开篇即为《东皋集》。这个“东皋”，指的是从北京到通州区沿潞河一带，也就是北京的东郊。“皋”字的本义是指沼泽或水田，这与当年北京东郊的风光完全吻合。《东皋集》有小叙说：

自山海归，谢客闭门，唯时时来往东皋间。盖东皋前临潞河，潞河南去数里许，先茔在也。渔罾钓渚，时绘目前，时或乘轻舠，一槁芦花深处，遇酒帘辄喜，喜或三五杯，随风所之，得柳阴，则维舟吟啸，往往睡去，至月上乃归。偶或有所得，辄写数语，以适情，率以为常，然未尝示人也。癸未夏，长日如年，偶检箧衍，数年得诗若干首，大约烟波渔艇之作居多，遂以东皋名之。夫烟波渔艇，素所志也。他年小筑先茔之侧，一棹沧浪，想笠屐归村，应不至惊犬吠也。

再看敦诚《四松堂集》里对“东皋”的记载。《四松堂集》中有《东皋同子明贻谋作》一诗云：

豆花香外买村醪，水落平桥钓岸高。
无限新愁兼旧感，小楼倚病听秋涛。

诗末有作者之附注曰：

子明兄云：忆昔与敬亭、贻谋[1]两弟泛舟潞河，时波光潋滟，烟云浩渺。敬亭小病，倚阑看水，贻谋微饮，余独狂呼大叫，把酒淋漓。月横西岩，犹与诸仆作鲜鱼脍进酒。读此，不禁今昔之感云。录诗至此并识。

由此来看，东皋不但是敦氏兄弟的祖茔所在之地，而且是他们经常宴饮集会、游览吟唱的地方。

通州区一带是清代宗室贵族的墓葬地，英亲王阿济格，亦即敦敏、敦诚先祖的坟墓就在潞河之南，至今犹在。敦诚有《谒始祖故英亲王墓恭纪》一诗云：

英风赫赫溯天人，广路松楸寝庙新。
百载劳勋逢圣主，九泉施泽到宗臣。
宝刀金甲犹悬壁，桂醑椒浆独怆神。
惆怅诸孙秋上冢，西风吹叶潞河滨。

更值得一提的是曹雪芹的一些故友，如寅圃[2]、贻谋等人的墓葬也在潞河边上。《四松堂集·同人往奠贻谋墓上便泛舟于东皋》云：

才向西州回瘦马，便从东郭下潺湲。
青山松柏几诗冢，秋水乾坤一酒船。
残柳败芦凉雨后，渔庄蟹舍夕阳边。
东皋钓侣今安在？剩我孤蓑破晚烟。

读这些诗，可知雪芹当年有好友葬在潞河边上。敦诚在上首诗的第三句下自注云：“三年来诗友数人相继而殃。”其中当然包括雪芹。

再读敦诚的《寄大兄》文：

孤坐一室，易生感怀，每思及故人，如立翁、复斋、雪芹、寅圃、贻谋、汝猷、益庵、

紫树[3]，不数年间，皆荡为寒烟冷雾，曩日欢笑，那复可得，时移事变，生死异途，所谓此中日夕只以眼泪洗面也……

尤其是敦诚的《哭复斋文》里说：

未知先生与寅圃、雪芹诸子相逢于地下作何言笑，可话及仆辈念悼亡友之情否？

为什么说“与寅圃、雪芹相逢于地下”？是否因他们同葬于此？不得不让人想到这个问题。关于张家湾是否有曹家祖坟，将诸多文献史料综合观之，可以确定：

一、曹家的祖茔在北京城外；

二、雪芹的祖辈和父辈曹寅、曹颙以及曹寅之母孙氏等，都葬在祖坟内。特别是敦敏的《河干集饮题壁兼吊雪芹》一诗说得更明白。其诗云：

花明两岸柳霏微，到眼风光春欲归。
逝水不留诗客杳，登楼空忆酒徒非。
河干万木飘残雪，村落千家带远晖。
凭吊无端频怅望，寒林萧寺[4]暮鸦飞。

曹家在潞河的祖坟未发现之前，对这首诗里的“河

干”二字只是笼统地注释为“水边”，现在知道是指北京东郊到通州区张家湾的潞河。红学家们起先都以为曹雪芹葬在西郊，根本没有考虑东郊的问题，所以读这首诗，多少有点奇怪，只以为是敦敏等在东郊潞河边饮酒，想念已然作古的雪芹，因而题诗。这样解释，难免空泛。自从知道曹家在潞河有祖坟后，再读这首诗就恍然大悟了。为什么要在这里凭吊雪片？原来雪芹归葬的曹家祖坟，就在潞河边上，因此作者凝望东逝的流水，却不见“诗客”的踪影；登上层楼聚饮，却没有了“酒渴如狂”的“酒徒”。思及此，能不“凭吊无端频怅望”吗？

综合分析以上几首悼亡之作，我们有理由认为在雪芹去世后的第二年，当天气转暖，条件允许之后，敦氏昆仲等人终于完成了朋友的夙愿，将他迁回祖坟安葬。事后当他们数次聚会在潞河水滨饮酒赋诗的时候，自然而然要想起这位抱恨九泉的故人。

我们记得，敦诚在喜峰口作的《寄怀曹雪芹》一诗中，曾劝慰他“不如著书黄叶村”。若干年后，当敦敏再次游西山的时候，写有一首凭吊雪芹之作，诗中再次提到“黄叶村”。这该如何理解呢？

西郊同人游眺兼有所吊

秋色召人上古墩，西风瑟瑟敞平原。

遥山千叠白云径，清磬一声黄叶村。

野水渔航闻弄笛，竹篱茅肆坐开樽。
小园忍泪重回首，斜日荒烟冷墓门。

这首诗被收入《熙朝雅颂集》，未见于《懋斋诗钞》残本。《懋斋诗钞》收诗截止于写《河干集饮题壁兼吊雪芹》的乙酉年（1765）。此诗很可能写于1765年后，作者在秋日里游赏香山的时候。

诗题“有所吊”显然是指曹雪芹。古墩是乾隆年间建造的碉楼。敦敏等人登临远眺，旷野上的“瑟瑟西风”扑面而来。远处山间曲曲弯弯的小径在朵朵白云下隐约可见，突然间传来清脆的钟磬声。诗人悚然一惊，回首一望，那里不正是故人曹雪芹居住过的黄叶村吗？听着水面上渔船吹奏的悠悠笛音，缓步走下山来，朋友们在山村野店里开樽浅酌。诗人强忍着眼泪，回首荒园中破败的茅屋，雪芹就是在那里为撰写《石头记》泪尽而逝的啊！如今人去物非，只有暮霭笼罩着冰冷的墓门……这不是真的应验了雪芹曾经感叹过的“此系身前身后事，倩谁记去作奇传”吗？

那么，这是不是意味着雪芹依然葬在西山呢？不是，因为“冷墓门”也可以指死者迁葬后的墓穴。

【注释】

〔1〕敬亭：敦诚字，号松堂。

贻谋：敦诚从堂弟，字宜孙，曾任右翼宗学副管。敦诚自注《贻谋弟初婚小诗贺之》云：“宜孙从堂弟”，“时随先大人司榷山海关”。

〔2〕寅圃：名敏诚，傅勒赫后裔，二敦族兄、至交，《四松堂集》屡见题写其人之作。

〔3〕立翁：周姓，二敦诗友，《四松堂集》中多有唱和。

复斋：姓张，名吉元，华容县人，幼善属文，康熙乙丑年间中进士，主政福建晋江，多有善政。

汝猷：敦诚堂弟，曾随侍山海关之松亭。

益庵：姓富察，名明仁，都统傅清子，老怡亲王胤祥婿，明义兄，小怡亲王弘晓姐丈，堂姐嫁墨香。敦诚谓其“在蜀中没于战事”。

紫树：敦诚好友，有《哭龚紫树》文及《过龚紫树柳巷故居有感二首》等诗，余不详。

以上数人皆为敦氏兄弟之诗朋酒友，与雪芹有直接或间接的交往。

〔4〕萧寺：佛教寺庙。六朝梁武帝萧衍多造佛寺，后来诗人称佛寺为“萧寺”。

第四章　贫贱之交张宜泉

【地点：北京西山　时间：1759—1764 年
（乾隆二十四—二十九年）】

在曹雪芹的一生中，相与过从的基本都是清王朝的宗室子弟，唯独张宜泉出身低微，可以说是贫贱之交。在曹学研究中，他是一个十分重要的角色，红学家对其人其诗格外重视。遗憾的是，我们对他的生平知之甚少。

首先，张宜泉的家世尚待考定，有人怀疑他是北京通县张家湾人，汉军旗人；有人则确定他生于 1720 年，卒于 1770 年，不知有何根据。宜泉有《春柳堂诗稿》传世，最早的刊本刻印于光绪年间，由其嫡孙张介卿付梓。关于他的生平事迹，主要是从《春柳堂诗稿》中解读出来的。由诗集可知，其“先世曾累受国恩”，后家境败落，13 岁丧父，后又丧母。他用“缅想孤儿日，悲含舞勺时”的诗句描写了童年时代的孤苦伶仃。“舞勺”是自幼读书习武的意思。他在《分居叹》一诗中说：“嫂兄悕弃弟……亡家剩一身”——兄嫂为这个父母双亡、成了弃儿的弟弟常常悲伤，而他自己则是“纵饮原多故，拈毫只苦吟”。他在诗稿自序中感叹道：“家门不幸，书剑飘零，三十年来，百无一就。”同时由《春柳堂诗稿》得知，他似曾落第，后以授馆课童谋生，生有一子二女，在北京 1763 年的那场天花疫情中，其子“因出痘”，与曹雪芹的儿子同时夭亡。

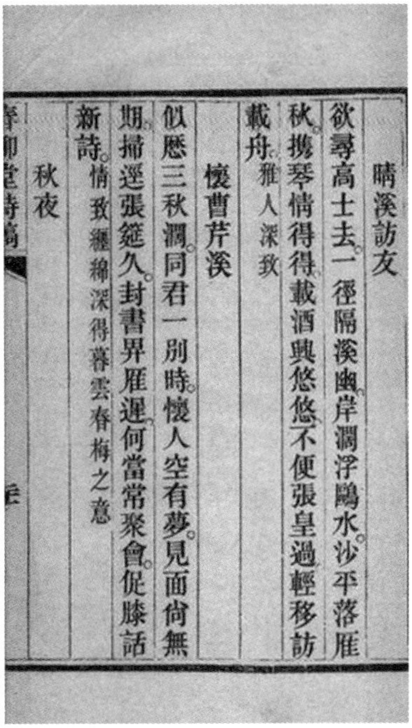
晴溪訪友
欲尋高士去一徑隔溪幽岸濶浮鷗水沙平落雁
秋攜琴情得得載酒興悠悠不便張皇過輕移訪
載舟雅人深致
懷曹芹溪
似歷三秋濶同君一別時懷人空有夢見面尚無
期掃逕張筵久封書畀雁遲何當常聚會促膝話
新詩情致纏綿深得暮雲春梅之意
秋夜

张宜泉晚年可能也是家居北京西郊，且“纵饮”喜诗，因而与曹雪芹惺惺相惜，遂成知交。《春柳堂诗稿》中与曹雪芹有关的诗虽然仅只四首，但对了解雪芹晚年的境况弥足珍贵。下面我们按写作时间，来逐一解读。

怀曹芹溪

似历三秋阔，同君一别时。
怀人空有梦，见面尚无期。
扫径张筵久，封书畀雁迟。
何当常聚会，促膝话新诗。

这一首有如促膝谈心的怀人诗，于不假雕琢的字里行间，传达出一种悠长而深厚的情谊。诗的大意是说，自从与君分别后，我的思念就像古人所说：“一日不见，如三秋兮。”或许是太想你了吧，你每每出现在我的梦中，醒来后却空欢喜一场，什么时候再相见却遥遥无期。为了迎接你，我随时准备为你扫径张筵，接风洗尘；想给你写信，可又没有鸿雁传书。我们什么时候能够像以往那样，把酒言欢，一起讨论各自写的新诗呢？

“扫径张筵久”一句语本杜甫《客至》：“花径不曾缘客扫，蓬门今始为君开。”诗人活用这一名句，表现出对朋友来访的热切期待和渴望能尽快与朋友会面的真情实意。

用心体会《怀曹芹溪》一诗的内容和情怀，不难推测这是在雪芹离京日久的情况下写的。曹雪芹曾于何时长期离开过北京呢？只有一次，那就是乾隆二十三年（1758）至二十四年的南京之行。

在第一章中，我们已经交代过，雪芹的南京之行走了一年左右，回京后即有喜庆再婚一事。张宜泉既然如此殷切地盼望雪芹归来，当朋友们制作书箱作为贺礼的时候，宜泉焉有不参与之理？书箱上刻石画兰、题诗署名，哪些出自宜泉之手，耐人寻味。更值得深究的是，在曹雪芹死后，那个“飘零目岂瞑”的芳卿离京时，因为雪芹的至交只有敦敏、敦诚和张宜泉三人，而宜泉又是同居西郊的近邻，她很可能将那两只“开箧犹存冰雪文”的书箱委托给宜泉保管了。中华人民共和国成立后，书箱是在一个名叫张行的家里发现的。据张行说，他是张宜泉的第六代传人。他家在 1956 年卖过大批古书，其中不少都写有“春柳堂藏书”字样。那么，曾经装着雪芹的“冰雪文”，亦即《石头记》和其他书稿的书箱，是否也一并托付给了张宜泉呢？

我们知道，在曹雪芹活着的时候，《红楼梦》就已经在朋友圈里私下誊抄，秘密流传开了。直到雪芹死后十年，《红楼梦》的两大评家之一的畸笏叟还在他手里的过录本上点批呢。后来流传的版本有 12 种之多，其源盖出于此。所以可以想见，当时书箱里收藏的很可能是《红楼梦》前八十回的定稿本和后二十回的初稿（曹雪芹原著《红楼梦》拟定回目为一百回，有庚辰本[1]于小说第二十五回眉批“通灵玉除邪，全部百回，只此一见，何得再言”为证。不过也有评语说后半部是三十回的，这正好说明八十回后到底要写多少回，雪芹生前尚未做出最后决定）。这部以作者一生心血结晶而成的鸿篇巨制，不啻是曹雪芹的生命，焉有不留在手边之理！因此完全有理由认定，书箱中的前八十回祖本，就是后来传世的《脂砚斋重评石头记》；后二十回原稿，大概因为回目未定、故事不完整、情节不连贯等等原因，而不被收藏者重视，于是在辗转经手的过程中遗失得杳无音信。这在中国文学史上，不能不说是一大憾事。

和曹雪芹《西郊信步憩废寺》原韵

君诗曾未等闲吟，破刹今游寄兴深。
碑暗定知含雨色，墙隤可见补云阴。
蝉鸣荒径遥相唤，蛩唱空厨近自寻。
寂寞西郊人到罕，有谁曳杖过烟林？

对于了解曹雪芹，这首诗为我们释放了两个重要的信息：曹雪芹曾经作过一首七律《西郊信步憩废寺》，以及再现了雪芹晚年的居家环境。

从诗题和内容看，作者和雪芹一同在北京西郊的某个荒废的寺庙漫步时，雪芹作了《西郊信步憩废寺》一诗后，张宜泉依原韵写下了这首诗。既然是和“原韵”，即可知雪芹的诗亦以吟、深、阴、寻、林为韵。可惜这首原诗我们今天看不到了。

仔细揣摩张诗的意蕴，很有意思。作者首联说：你本来是一个不轻易作诗的人，可今天游览废寺，却出人意料，写出了寄托如此深远的诗作——这想必是一首让张宜泉深感惊讶、赞赏的好诗吧，因此接下来顺理成章，应当或者是诗人对曹诗的赞叹，或者是对雪芹诗才的钦佩，可作者突然笔锋一转，开始描写起周遭的景物和气氛来。作者的思路何以会陡然转换呢？是因为雪芹原诗的境界太高远，他无法表述呢，还是雪芹的诗才太高妙，他难以形容呢？也许二者兼而有之吧，于是他只好从容易着墨的写景下手。

下面三联的景物描写，展现在我们眼前的曹雪芹晚年的生活环境，宛若一幅凄惨的秋景图：破旧的僧寺里随处可见的石碑，由于常年经受风吹雨打，幽暗的碑身仿佛都隐含着“雨色”；阴云飘过围墙的断壁残垣，似乎是要添补破墙的缺口；荒草丛生的小路间不时传来遥相呼唤的蝉鸣；空寂的寺院厨房中也只有蟋蟀以声相寻。如此寂寞清冷的西郊，除了他们二人，还有谁会拖着竹杖，到这烟雾迷蒙的秋林中来呢？

关于这首诗的写作时间，有人说作于乾隆二十四年（1759），有人说作于乾隆二十六年（1761）。我们既然已经知道，雪芹于乾隆二十三年春夏已迁居白家疃，那么，这两种说法都与曹雪芹晚年定居西山这一事实没有冲突。

【注释】

〔1〕庚辰本：早期出现的最完整的八十回《红楼梦》抄本之一，共分八册，每册封面书名下皆注云："脂砚斋凡四阅评过"，其中后三册复注"庚辰秋定本"，故学术界称之为"庚辰本"。这是曹雪芹生前最后的改定本。

题芹溪居士

姓曹名霑，字梦阮，号芹溪居士。其人工诗善画。

爱将笔墨逞风流，庐结西郊别样幽。
门外山川供绘画，堂前花鸟入吟呕。
羹调未羡青莲宠，苑召难忘立本羞[1]。
借问古来谁得似？野心应被白云留[2]。

这首诗披露的内容，至少有四点应当予以格外强调：

一、诗题称曹雪芹为"居士"，下面的悼亡诗把这一称谓又重复了一遍。这样的称呼，首见于张宜泉的诗中。众所周知，我国的古代文人，凡以"居士"自许的，都是思想意识倾向于佛道的。"居士"者，在家信佛或信道者之谓也。侯堮《觉罗诗人永忠年谱》说："曹霑、敦诚、书諴[3]、永諲[4]等……精力才华泰半贯注于禅道两途，以诗酒书画为玩世之资，以蒲团养生为性命之髓。"

曹雪芹在与当时的封建礼教格格不入的处境中，以释道为精神依托是完全可以理解的。这样看来，曹雪芹在《红楼梦》中让空空道人、茫茫大士、渺渺真人引出一批痴男怨女的三世情孽，也就不足为奇了。

二、因这首诗，我们才第一次知道曹雪芹字“梦阮”，号“芹溪居士”。“阮”是指魏晋狂人阮籍。心仪阮籍是雪芹一生的价值取向，敦氏昆仲的诗作曾多次提到他有似阮籍，好饮而狂傲（详见二敦诗）。曹雪芹自己在《红楼梦》第二回中，也曾借贾雨村之口，对历史上的名人有过一段法眼独具的评价，认为像陶渊明、阮籍、刘伶、柳永、秦观、唐伯虎乃至卓文君、红拂、薛涛等人，皆为亦正亦邪之奇才，不可以常人之理揣度。由此不难窥探曹雪芹的世界观。

三、张宜泉此诗小序说雪芹“工诗善画”，在悼亡诗中再次说“善诗画”。作者用盖棺定论式的评价向我们传达了一个不容置疑的事实：曹雪芹不但以诗才知名，且以书画闻世。他生前曾经以“卖画”为生，可惜他的画作今天一幅也没有留存下来。

四、最引人注目的是这首诗提到一件关系到曹雪芹生平事迹和思想品质的大事：他曾经拒绝过朝廷画苑的“招聘”——“苑召难忘立本羞”。关于此事，原委大体是这样：为鉴定字画事，画师董邦达与雪芹在敦敏家曾经有过一次聚会。叙谈之下，董邦达对雪芹大加赞赏，

意欲推荐他去皇室画苑，但被雪芹拒绝了。

就整体而言，对于《题芹溪居士》一诗，可以这样来解读：首句“爱将笔墨逞风流”首先点明潜心于诗文著述是曹雪芹终生志趣所在，《红楼梦》当然是其尽展才华、倾注心血的园地。“庐结西郊别样幽”证实了曹雪芹移家西郊之事。“结”是建造的意思，说明西郊的住所是雪芹亲自营造的。“别样幽”点明其住所是一个依山傍水、环境幽美且人迹罕至的地方。颔联“门外山川供绘画，堂前花鸟入吟呕”描写的这一幅赏心悦目的田园风光，意在点明正是因为有了如此安逸静谧的环境，才使他得以远离红尘喧嚣，专心致志地吟诗作画。这一联与颈联“羹调未羡青莲宠，苑召难忘立本羞”拈出的两个典故，表面上是呼应小序中的“其人工诗善画”，深层的含义是为揭示曹雪芹视权贵如粪土的高尚品格。尾联将这层意蕴再予推进，回答了雪芹为什么会有如此迥异常人的境界。“借问古来谁得似？”——唯有陈抟那样的高士可以与之比肩！

诗写得很好，情景交融，典实并举，作者用鲜明的画面展现了曹雪芹晚年的生活环境，高度概括了这位不世奇才的人生价值取向和特立独行的高尚品格，用三个给人以印象深刻的典故，再现了曹雪芹蔑视权贵，不与统治阶级合作的高贵形象。

【注释】

〔1〕“羹调”“苑召”二句：首句典出《新唐书·李白传》，大意是说，唐玄宗赏识李白的文才，召之入宫为供奉翰林。一日，玄宗皇帝赐李白吃的东西，并亲自为他调羹，一时传为佳话。

“苑召”典出《旧唐书·阎立本传》，略言唐太宗与侍臣泛舟春苑池，见水上群鸟翻飞，召画师阎立本入宫作画。他俯地调色，而皇上与侍臣却在上面悠然吟唱。立本深感羞愧，回家后告诫儿子：“勿习此末技。”

〔2〕“野心”句：据《唐才子传》载，唐末陈抟举进士不第，隐居华山云台观。宋立，屡召不出，作表谢云：“数行丹诏，徒教彩凤衔来；一片野心，已被白云留住。”这里的“野心”是在野之心，亦即不慕名利的世外之心。

〔3〕书诚：字实之、季和、子玉，号樗仙，辅国将军长恒子，封奉国将军。

〔4〕永𤅷：号嵩山，永忠胞弟。

伤芹溪居士

其人性放达，好饮，又善诗画。年未五旬而卒。

谢草池边晓露香，怀人不见泪成行。
北风图[1]冷魂难返，白雪歌残梦正长[2]。
琴裹坏囊声漠漠，剑横破匣影铓铓[3]。
多情再问藏修地[4]，翠叠空山晚照凉。

诗写于1764年，即乾隆二十九年甲申春夏之交，雪芹谢世后不久。作者怀着沉痛伤感的心情，缅怀了这位惺惺相惜的至交。全诗以故人曾经生活过的地方“谢草池”领起。以往对“谢草池”的注释，单纯着眼于其出处，认为语本谢灵运《登池上楼》之名句“池塘生春草，园柳变鸣禽”；后来经过实地考察，证明北京西山确有其地，就在香山双泉寺黑龙湾溪谷内。这说明这首诗是张宜泉重游故人旧地时，触景生情，有感而作。

颔联两句以典喻友，说曹雪芹不仅画艺高超，而且诗文超凡脱俗，曲高和寡。可惜斯人已逝，再也无法起死回生了——“魂难返”；而他的阳春高歌还没有唱完，像一场缥缈迷茫的美梦，为后世留下了许多无法破译的哑谜——“歌残梦正长”。这一诗句包含着不容忽视的重要信息。曹雪芹在西山的生活和著书情况，张宜泉自然是为数不多的知情者之一。所谓“歌残”，肯定是暗示

《红楼梦》一书还没有最后完稿，如今作者虽然已经撒手人寰，然而这“梦”仍将萦绕在他心间，永无了期。

第三联“琴裹坏囊声漠漠，剑横破匣影铓铓”两句就诗法而言，是颔联的具象化。这一句可以理解为是实写，因为琴棋书画是古代文士的必修课。如是，则可以想象，在雪芹身后，曾遗留下一琴一剑；也可以理解为是指曹雪芹“剑胆琴心”般的高雅情怀，以及他为后世留下的诗文著述——没有唱完的“残歌”，至今依然在琴囊中隐隐鸣响，“神锋所向诛邪恶”的利剑依然在剑匣中寒光四射。

写到这里，诗人悲伤难抑，他再也见不到亡友的身影，转而向故人曾经呕心沥血撰写巨著的地方询问，然而回应他的唯有那辉照重峦叠翠、凄冷无语的夕阳。

这首悼亡之作写得悲凉而伤惨，诗人对于亡友的怀念低回婉转，余韵悠长，读过之后，不由让人掩卷长思，曹雪芹坎坷多难、如梦如幻的生命历程一幕幕地从眼前掠过。如果说敦氏昆仲的挽诗写的是亡友下葬时和安葬不久后的情景，那么张宜泉的这首悼亡诗写的却是曹雪芹的一生。

不过，这首诗对于探究曹雪芹的生平事迹的重要性还不仅仅在于此，重要的是诗的小序可以让我们最终确定曹雪芹的岁数，并由此推算出他的生年。因为有了小序所说的雪片“年未五旬而卒”，曹学家们回头再看敦诚的“四十萧然太瘦生”，才能纠正以前的误解。

【注释】

〔1〕北风图：典出《博物志》，大意是说东汉时蜀郡太守刘褒善画，观其《云汉图》则感觉发热，观其《北风图》则感觉发冷。

〔2〕“白雪”句：语本宋玉《对楚王问》：“客有歌于郢中者，其始曰下里巴人，国中属而和者数千人……其为阳春白雪，国中属而和者不过数十人。”后人常以“阳春白雪”形容格调高雅，用“下里巴人”比喻粗俗低劣。

〔3〕铓铓：刀剑的尖锋，这里是光芒的意思。语本苏轼诗句：“一双铜剑秋水光，两首新诗争剑铓。”

〔4〕藏修地：语出《礼记·学记》：“君子之于学也，藏焉修焉，息焉游焉。”后世以“藏修”指静居默处、专心修学。这里是指曹雪芹读书著述的地方。

〔附〕鄂比的故事

曹雪芹与鄂比的交往，是流传于北京香山的一个动人的故事。据当地人传说，鄂比是正白旗人，曾在乌拉那拉氏主管的银库“拨什户”当差，人称“醉鬼鄂三”，为人见义勇为，急人所难，被曹雪芹称为“金刚”“义侠”“豪杰”。《红楼梦》中的“醉侠”倪二便是以其为原型而塑造的。他是雪芹在西山时期的酒友，因有感于雪芹的遭际和为人，于其死后，将一副对联和一首诗题写在其曾经居住的西小屋墙壁上。

对联和题诗最早是由吴恩裕先生在探究雪芹在西郊的行踪，走访当地耆老时发掘出来的。据他说，1972 年，北京西郊一户舒氏居民因拆建旧房，发现夹壁间有写在白灰墙上的诗词，其中大多抄写的是唐伯虎、高启等人的作品，但有一副对联和诗引起了红学界的注意，那就是鄂比写给曹雪芹的菱形对联和扇形诗。原图如下：

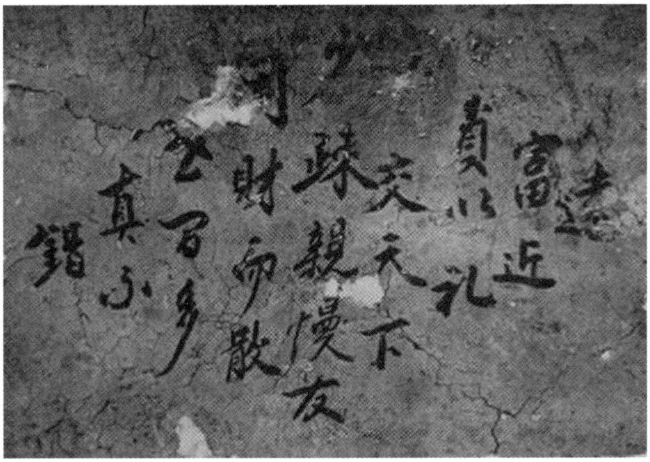

上联：远富近贫以礼相交天下少

下联：疏亲慢友因财而散世间多

（真不错）

扇形诗曰：

富贵途人骨肉亲，贫贱骨肉亦途人。

试看季子貂裘敝，举目亲人尽不亲。

岁在丙寅清和月下旬
偶录于抗风轩之南几
拙笔学书

舒氏说，这处位于香山与卧佛寺之间的正白旗三十八号院，有四间房，是二百年前的老屋。他们家族在这里已经住了百年有余。他“断定那四间房子，就是曹雪芹当年的故居”。但是吴恩裕和吴世昌经过考证，认为那不是曹雪芹的故居，而且墙壁上的题诗也不是出自鄂比的手笔。吴世昌说：

破墙上扇形题诗记有“岁在丙寅清和月下旬”字样，按百年以前的丙寅，最近者为同治五年（1866），其时舒家祖上已迁入，墙诗既非舒家之人所题，当再上推一甲子，即嘉庆十一年（1806）丙寅。再早为乾隆十一年（1746）丙寅，当时传说中鄂比赠雪芹的对联尚未出现，雪芹也还没有移居郊外。墙上的丙寅，可以定为一八零六年，其时雪芹已死了四十多年。[1]

吴恩裕又补充说：

我还可以加上一点，即鄂比那一副对联，

> 在舒成勋的墙上被写成菱形，最后以“真不错”三字足成这个菱形。我认为，这也可以证明非曹雪芹自己所写——因为旁人赞美他的话，他绝不会自己再来说什么“真不错”的。
>
> 因此，我最后认为，舒成勋的住宅不能断定是雪芹在正白旗的居处，虽然雪芹当日在正白旗的居处也必定在那个地方的附近。[2]

两位曹学家虽然力证其伪，但是现今的曹雪芹纪念馆最终还是建在了那里——北京香山脚下卧佛寺东南的正白旗三十九号老屋（在北京植物园内，但已经不是吴老说的“三十八号”了）。

30 年过去了，“正白旗三十九号”是不是曹雪芹故居的争论还在继续。但不管怎么说，老屋和鄂比题诗的发现，为曹学和红学的研究提供了佐证。

【注释】

〔1〕见吴世昌《调查香山健锐营正白旗老屋题诗报告》。

〔2〕见吴恩裕《曹雪芹丛考·曹雪芹在北京西郊的居处》。

第五章　脂砚斋的两首题红诗

多亏曹雪芹的三位莫逆之交为我们留下的这些宝贵的诗作，使我们有可能对这位举世罕见的、伟大的小说家的身世有一个大概的了解。除了好友之外，曹雪芹身边的亲人难道就没有哪怕是一两首诗作写到他？有的，那就是脂砚斋。他的诗题写在《红楼梦》开篇的《凡例》中和第二十一回的卷首。

如果说《红楼梦》的第一回是全书的纲领性的开场白，《凡例》则是不能不看的导读。可惜这篇奇文被后来的评红者搞得有些面目全非了，我们有必要在此予以厘清。

一、血泪篇

《凡例》全文为甲戌本所独有，共有五则。一首回前诗，第五条“此开卷……”和诗为脂本所共有，只是文字稍有出入。经考证，原先第五条和诗只是针对第一回的回前总批，且出自脂砚斋之手。前四条是后来的评红者所加，类似一部书前的“出版说明”[1]。我不想将其列入本书正文，只作为注文供读者参阅。

[按：现在通行本《红楼梦》（见 1985 年人民出版社版），对《凡例》多有增删。引文中凡标着重点者，皆为通行本删去之字句；（）内者皆为通行本增加之字句。]

此书开卷第一回也，作者自云：“因曾历过一番梦幻之后，故将真事隐去，而（借‘通灵’之说，）撰此《石头记》一书也，故曰‘甄士隐（云云）梦幻识通灵’。”但书中所记何事（何人），又因何而撰是书哉？自（又）云：“今风尘碌碌，一事无成，忽念及当日所有之女子，一一细推了（考较）去，觉其行止见识，皆出于我之上。何（我）堂堂之须眉，诚不若彼一干裙钗（哉）？实愧则有余，悔（又）则无益之大无可奈何之日也。当此，则自欲将已往所赖——上赖天恩、下承祖德，锦衣纨绔之时，饫甘餍肥之日，背父母（兄）教育之恩、负师兄（友）规训（谈）之德，已（以）至今日一事（技）无成、半生潦倒之罪，编述一记（集），以告普天下人：虽我之罪固不能免，然闺阁中本自历历有人，万不可因我（之）不肖，（自护己短，）则一并使其泯灭也。虽今日之茅椽蓬牖，瓦灶绳床，其风晨月夕（晨夕风露），阶柳庭花，亦未有伤于（妨）我之襟怀笔墨者。（虽我未学，下笔无文，又）何（妨）为不用假语村言，敷演出一段故事来，（亦可使闺阁昭传，）复可以悦（世）人之耳目哉？（破人愁闷，不亦宜乎?”故曰“贾雨村”云云。）故曰“风尘怀闺秀”，乃是第一回题纲正义也。开卷即云“风尘怀闺秀”，则知作者本意原为记述当日闺友闺情，并非怨世骂时之书矣。虽一时有涉于世态，然亦不得不叙者，但非其本旨耳。阅者切记之。诗曰：

浮生着甚苦奔忙，盛席华筵终散场。
悲喜千般同幻渺，古今一梦尽荒唐。
谩言红袖啼痕重，更有情痴抱恨长。
字字看来皆是血，十年辛苦不寻常。

上述引文，凡是字下加着重点者，都被通行本删了。姑且不去讨论为什么要作如此有增有删的“加工”（当然，改正个别错别字是应该的），需要指出的是：第一，古今中外的任何大文学家，都不会在其小说开卷之首就来一篇自夸自赞的声明，这样的议论只能出自书评家之口，这篇开场白非脂砚斋莫能为；第二，通行本不知为什么，把脂砚斋的这么重要的题诗也给删了。凡此种种都无须去评论，我们还是回到本章的主题——“脂砚斋诗说曹雪芹”上来。

脂砚斋是曹雪芹身边最亲近的人，其诗对了解曹雪芹之可信度不容怀疑。诗的前四句是对《红楼梦》中各色人等梦幻般命运的概括，是对曹雪芹所以要呕心沥血地撰写这部巨著之良苦用心的深刻理解，也不啻是对世俗众生执迷不悟地追求功名利禄之当头棒喝。

“谩言红袖啼痕重，更有情痴抱恨长”指的是大观园中的那些痴男怨女，尤其是以钗黛为代表的爱情悲剧。这不正是第五回警幻仙子唱的那曲《红楼梦引子》的另一种说法吗？

开辟鸿蒙，谁为情种？都只为风月情浓。
趁着这奈何天，伤怀日，寂寥时，试遣愚衷。
因此上，演出这怀金悼玉的《红楼梦》。

“字字看来皆是血，十年辛苦不寻常。”——大凡喜欢、研究《红楼梦》的人，没有谁不把这两句诗挂在嘴上的。在这里，脂砚斋同样声声带血，为他的亲人唱出了一曲令人哀恸的悲歌。末句“十年辛苦”与同一回曹雪芹的自白“于悼红轩中披阅十载，增删五次”互相呼应，证明曹雪芹撰写《红楼梦》有了原创草稿《风月宝鉴》之后，又整整用了十年的时间反复修改润色，才完成了前八十回的定稿和后二十回的提纲。

然而，这里有一个问题：脂砚斋是谁？

【注释】

〔1〕《凡例》前四则文：

《红楼梦》旨意。是书题名极多，《红楼梦》是总其全部之名也。又曰《风月宝鉴》，是戒妄动风月之情。又曰《石头记》，是自譬石头所记之事也。此三名则书中曾已点睛矣。如宝玉做梦，梦中有曲名曰《红楼梦》十二支，此则《红楼梦》之点睛。又如贾瑞病，跛道人持一镜来，上面即錾"风月宝鉴"四字，此则《风月宝鉴》之点睛。又如道人亲见石上大书一篇故事，则系石头所记之往来，此则《石头记》之点睛处。然此书又名曰《金陵十二钗》，审其名则必系金陵十二女子也。然通部细搜检去，上中下女子岂止十二人哉？若云其中自有十二个，则又未尝指明白系某某，及至"红楼梦"一回中亦曾翻出金陵十二钗之簿籍，又有十二支曲可考。

书中凡写长安，在文人笔墨之间则从古之称，凡愚夫妇儿女子家常口角则曰"中京"，是不欲着迹于方向也。盖天子之邦，亦当以中为尊，特避其"东南西北"四字样也。（按：《红楼梦》正文中并没有出现"中京"这一词语，可见此种批文决非脂砚斋所为。）

此书只是着意于闺中，故叙闺中之事切，略涉于外事者则简，不得谓其不均也。

此书不敢干涉朝廷，凡有不得不用朝政者只略用一笔带出，盖实不敢以写儿女之笔墨唐突朝廷之上也。又不得谓其不备。

二、脂砚斋是谁？

自从《红楼梦》问世以来，“评红”一时间成了文人的乐趣，仅署名的就有十多人，但是公认的大评家只有两人，那就是脂砚斋和畸笏叟。还有几个评点者也托名脂砚斋参加了这个队伍，形成了脂评派，于是产生了一个至今无法辨别清楚的难题：到底谁是真正的脂砚斋？这个谜题使红学家们困惑不已，争辩不休。将以往各家的考辨梳理一下，大体有四种观点：

（一）作者本人说。持此说的是胡适和俞平伯。胡适看了庚辰本的脂批后说：“我看了批本，我相信脂砚斋就是那位爱吃胭脂的宝玉，即是曹雪芹自己。”“那块爱吃胭脂的顽石，其为作者托名，本无可疑。”[1]基于他坚持的“自传”说，他推论脂砚=宝玉，宝玉=作者，所以脂砚就是作者。俞平伯的理由是“作者作书时的心理，旁人怎得知”。

（二）史湘云说。力主此说的是周汝昌。他列举了批语中许多唯有女子才会有的口气的情节，以及脂批中多次有"哭煞幼而丧父母者"，而自幼父母皆亡的，书中只有史湘云一人[2]，从而证明脂砚斋实乃史湘云的化名，而小说中的湘云，也是以脂砚为原型塑造的。

主此说者又进而根据曹雪芹最初设计的大结局，宝玉和湘云结为夫妻的情节推测，认为脂砚是雪芹的妻子。夫妻二人在经历了人世沧桑的巨变后，亲密合作，一人奋笔作书，一人挥毫写评，即所谓"一芹一脂余二人"也。

（三）堂兄弟说。最早提出此说的也是胡适。他立论的依据是就书中"树倒猢狲散"语有一条署名"松轩"的眉批："语语见道，字字伤心。"便认为"评者脂砚斋是曹雪芹很亲的族人，大概是他的堂兄弟，也许是曹颙或曹颀的儿子。松轩似是他的表字，脂砚斋是他的别号"[3]。

（四）叔父说。提出此说的是清人裕瑞[4]。他在《枣窗闲笔》一书中，说他"曾见抄本卷额，本本有其（雪芹）叔脂砚之批语，引其（脂砚）当年事甚确，易其名曰《红楼梦》"；又说："闻其所谓'宝玉'者，当系指其叔辈某人，非自己写照也。所谓'元、迎、探、惜'者，隐寓'原应叹息'四字，皆诸姑辈也。"裕瑞说，这些情况是他从"前辈姻亲有与之（雪芹）交好者"那里听来的。这"前辈姻亲"就是他的舅父明义和明琳。明义有《题红楼梦》绝句二十首（详见后"咏红诗选析”）；明琳就是敦敏在《题曹雪芹》诗序中提到的那位养石轩的主人。

这是唯一见诸文献史料的记载和说法，其他说法，都是现代人的猜测和主观判断。吴世昌先生曾多次论证过“叔父说”的可靠性，主要根据是脂批所透露的信息，如评者亲“经过见过”康熙的最后一次南巡；亲“领”过他的“先姐”（即贾元春的原型，雪芹的一个当王妃的姑姑）手引口传之“教”；亲耳听过曹寅生前常讲的“树倒猢狲散”，以及“三十年前”亲历过广交梨园子弟的生活等。由此推断出脂砚斋的辈分应为雪芹的叔父，其年龄较雪芹大 10 至 20 岁[5]。

脂砚斋到底是谁？这只有把脂批收集在一起，详加对比、分析，才能理出个头绪。

统计各种抄本上的指批，署名“脂砚斋”的共有 35 条，由系年可以确定是脂批的有 23 条，共 58 条。署名畸笏叟的批语 93 条。署名棠村、梅溪[6]的各 1 条，松斋 2 条。其他署名的评者都是在雪芹和脂砚去世后参加进来的，因此不在我们的考虑范围之内。脂砚斋评点《红楼梦》，从小说初稿刚完成就开始了。而且雪芹每完成一次修改，脂砚斋也会对自己的评语重新进行加工完善。《红楼梦》修改了四次，他也“重评”了四次，每一次都要郑重其事地声明：这是他第几次“阅评”《石头记》。由此可知，他前两次评红都是在乾隆十九年

（1754）完成的；第三次完成于1756年；第四次用了两年时间——己卯年（1759）和庚辰年（1760）完成，并特别注明“庚辰秋月定本”。这也同样说明，曹雪芹于1754年已经写好了小说的初稿，1760年前八十回已基本定稿。

到了1764年，也就是雪芹逝世那一年的秋天，脂砚斋最后一次阅评，写下了最后一条脂评：“甲申八月泪笔”，不久也过世了。

认真研究全部脂批，我们可以初步得出三个结论：

（一）参与脂批的是个团队。最早评红的是曹雪芹的原配夫人，“脂砚”是她的斋名。

只要把所有脂批放在一起加以比较，很容易发现其中的差别泾渭分明——有男性和女性截然不同的两种口吻，两种风格。比如，在小说的第二十六回有侧批说：

> 这是等芸哥看，故作款式。若果真看书，在隔纱窗子说话时已经放下了。玉兄若见此批，必云：“老货！他处处不放松我，可恨，可恨！”回思将余比作钗、颦等，乃一知己，余何幸也。一笑。

第二十六回“蜂腰桥设言传心事，潇湘馆春困发幽情”说的是贾宝玉和林黛玉借《西厢记》互倾情愫的趣事，行文中插进一段贾芸拜见宝玉时，贾芸如何惊慌失措，宝玉如何拿腔作势的描写。文中写道：

> （贾芸）一回头，只见左边立着一架大穿衣镜，从镜后转出两个一般大的十五六岁的丫头来说：“请二爷里头屋里坐。”贾芸连正眼也不敢看，连忙答应了。又进一道碧纱厨，只见小小一张填漆床上，悬着大红销金撒花帐子。宝玉穿着家常衣服，靸着鞋，倚在床上拿着本书……

针对这段描写，脂砚斋评论说：这是故意做给贾芸看的。“若果真看书，在隔纱窗子说话时已经放下了。”随即又说，倘若“玉兄”（脂批行文的个别地方总是这样称雪芹）看到这段评语，必将因她对他的心理活动如此洞悉，要说“处处不放松我。可恨，可恨!”另一方面，她对“玉兄”曾经把她与宝钗和黛玉作为同一类型的女子相提并论，又深感荣幸。倘若是男子，不会有这类女性化的感想吧？尤其是“老货”这样的用语，除了夫妻间的日常昵称，男人们会这样称呼吗？还是在这一回，当宝玉一时忘乎所以，对黛玉说出“多情小姐同鸳帐”的话，黛玉登时拉下脸来。脂批云：“我也要恼。”倘若换成是男子，看到这里只会笑，怎可能“恼”呢!

这是典型的女性心态。

第三十七回湘云作《海棠诗》，在“自是霜娥偏爱冷”一句下，脂批云：“不脱自己将来形影。”批者以己之命运证湘云未来之结局，说明湘云实有一人为其原型；而书外之“湘云”只要遇到描写湘云的情节，总要与自己的身世命运联系起来予以评点。由此来看，许多红学家推测脂砚斋就是湘云的原型，即雪芹的原配，就是那个“扬州旧梦”中的红颜知己，不无道理。

还有一个证据，可以证实一开始着手评红的是个女子。庚辰本在黛玉《葬花吟》长诗侧旁，凡是与女子有关的词句，如“明年闺中知有谁”“他年葬侬知是谁”“一朝春尽红颜老，花落人亡两不知”等处，都加双圈点赞，并注明“言我之所欲言”。一个女性批者的身影呼之欲出。

这样的例证还有许多，兹不一一列举。总之，我们完全可以这样说：曹雪芹将他的一生献给了《红楼梦》的创作；而脂砚斋的斋主也将其一生献给了《红楼梦》的评点。脂砚斋以总评、眉批、夹批、侧批这些特殊的方式，从小说的主题思想、人物塑造、艺术手法、生活原型和情节结构，与曹雪芹一起参与了这部不朽巨著的创作。我们不妨这样想象：每当夜深人静的时候，她和曹雪芹双双坐在荧荧的烛光下，一个挥毫疾书，一个逐字逐句地过录，偶有感触，便用朱笔予以评点；有时他们会停下来，共同回忆往事，或者讨论、斟酌书中的某个人物、某个情节，时或一同落泪，时或开颜笑谈……这该是多么动人的情景啊！

行文至此，书斋缘何要用“脂砚”这样脂粉味十足的雅号，也就不难理解了。蘸笔要用胭脂，落笔即成朱批，除了女性，谁会如此？后来接过她的笔，继续评红的人，索性沿用了这个斋名，一是为了纪念她，二是表示要继续完成她的心愿。这不是十分合乎逻辑和情理的吗？

可是，在曹雪芹的一生中，在《红楼梦》的整个创作过程中，如此重要的角色，为什么所有的史料中，关于她的真名实姓，却没有留下片言只语的记载呢？你想，如果她真的是李煦的孙女，雪芹的表妹，当她与雪芹结为患难夫妻后，李煦已经死在流放途中，家里的奴仆或者赏赐给了年羹尧，或者就地发卖，而她也是戴罪之身，在这种处境下，敢暴露自己的真实身份吗？

二、脂砚斋的主笔是棠村，就是那位为《风月宝鉴》作序的人。他是雪芹的堂弟。

我们已经知道，乾隆二十三年（1758），曹雪芹 44 岁，在他刚刚迁居白家疃的时候，脂砚斋主不幸去世，雪芹遂有南京之行。但是评红的工作不但没有因此而中断，甚至大量的脂评恰恰是在这段时间里写下的。就在雪芹滞留江南的己卯年（1759），《脂砚斋四评石头记》

写成，是为有名的“己卯本”[7]；次年，也就是雪芹再婚的那一年，《脂砚斋四评石头记》定本完成，是为“庚辰本”[8]。

那么接过脂砚斋主之笔的是谁呢？是曹雪芹的堂弟棠村。他才是脂评的主笔。他和女斋主一样，把自己的一生默默无闻地奉献给了《红楼梦》的创作。这是一个非常神秘的人物。甲戌本[9]第一回有条眉批：“雪芹旧有《风月宝鉴》之书，乃其弟棠村序也。”而《石头记》正是在《风月宝鉴》的基础上，改变了主题，大幅度地调整了小说故事结构和人物群像进行的再创作（详情我们留待下面再说）。小说中的大量评语，不但说明他是男性，而且与作者一同经历过许多鲜为人知的家事。比如，第十七回写到宝玉听说贾政就要进园，马上带着奶娘、小厮们一溜烟跑了时，脂批云：

> 不肖子弟来看形容。余初看之不觉怒焉，盖谓作者形容余幼年往事，因思彼亦自写其照，何独余哉？信笔书之，供诸大众同一发笑。

这条脂批说明，批者与作者雪芹同年仿佛，童年时代有过相同的经历；同时说明评红的主人已换成男子了。

小说第七十四回，写凤姐和平儿谈起鸳鸯借当之事，脂批云：“盖此等事作者曾经，批者曾经，实系一写往事。”像这类清清楚楚证明作者和批者共同经历的往事还有：

> 凤姐点戏，脂砚执笔事，今知者聊聊（寥寥）矣，不怨夫！（第二十二回眉批）
>
> 伤哉！作者犹记矮𬱟舫前以合欢花酿酒乎？屈指二十年矣。（第三十八回双行夹批）

特别是小说第十三回写凤姐协理宁国府，归纳出宁国府的五大弊端——头一件，人口混杂，遗失东西；第二件，事无专执，临期推诿；第三件，需用过费，滥支冒领；第四件，任无大小，苦乐不均；第五件，家人豪纵，有脸者不服钤束，无脸者不能上进。庚辰本脂批曰：“读五件事未完，余不禁失声大哭。三十年前，作书人在何处耶？”凡此条条批语，都说明非男性批者不能为。

可惜，脂砚斋的这位主笔、接班人，在雪芹谢世不久也作古了。然而又有人接过了这支朱笔——评红的工作还在进行。就在雪芹逝世四年后出现的甲戌本第一回，有人仍然用脂砚斋的名号作眉批云：

> 雪芹旧有《风月宝鉴》之书，乃其弟棠村序也。今棠村已逝，余睹新怀旧，故仍因之。

所以，我们不能不得出脂砚斋是团队的结论。

三、评红团体的组成人员。

通过上面的分析，我们已经看出，所谓脂评，是由多人在同一个斋名下完成的。其中由脂砚斋主肇始，棠村接续，梅溪、松斋、玉蓝坡、立松轩、鉴堂、绮园[10]等人后继，甚或不排除敦氏昆仲也曾参与，而且我们有理由怀疑畸笏叟起初也曾借用"脂砚斋"的名号写下过若干条批语，只不过他后来觉得自己是长辈，混杂在晚辈群里称兄道弟，有些不伦不类，这才另开门户，起了个老气横秋的怪怪的笔名——畸笏叟。这种情况，从脂批互相否定、辩驳的评语中，看得明明白白。比如，第十四回写凤姐命彩明造簿册，上有一条眉批云：

> 宁府如此大家，阿凤如此身份，岂有使贴身丫头与家里男人答话交事之理呢？此作者忽略之处。

庚辰本在这一批语后则说：

> 彩明系未冠小童，阿凤便于出入使令者，老兄并未前后看明是男是女，乱加批驳，可笑！

类似的地方还有不少。可见，在对待"脂砚斋是谁"

这一问题上，我们发现有些红学研究者犯了一个错误：非要指定脂砚斋是某一个人，结果使自己陷入了迷魂阵，不但自己找不到出路，而且给读者带来了无端的困惑。倘若明白了脂批是一个团体的集体行为，许多谜团也就迎刃而解了。

【注释】

〔1〕、〔3〕分别见胡适《跋乾隆庚辰本脂砚斋重评〈石头记〉抄本》、《考证〈红楼梦〉的新材料》。

〔2〕见周汝昌《红楼梦新证·脂砚何人》一节。

〔4〕裕瑞：爱新觉罗氏，清朝宗室，字思元，豫亲王多铎五世孙，和硕豫良亲王修龄次子，母福晋富察氏。曹雪芹去世七年后出生。著有《枣窗闲笔》。

〔5〕详见吴世昌《脂砚斋是谁》等论文。

〔6〕梅溪：关于此人有种种说法，至今无法找到可靠的资料得出定论，但应为雪芹之亲朋好友无疑。

〔7〕己卯本：此抄本本为八十回，现仅存十四回，亦残缺不全。此本实为乾隆时怡亲王府抄本。根据曹家与怡亲王的密切关系，可以推测此本很可能直接来自曹雪芹或脂砚斋之手，在诸脂本中，这是与《石头记》稿本血缘关系最近的抄本。

〔8〕庚辰本：见第四章“贫贱之交张宜泉”注〔1〕。

〔9〕甲戌本：见第一章“曹雪芹生卒年新证”注〔1〕。

〔10〕松斋：一说为脂砚之别号；一说是白筠，清朝大臣白

潢后裔，汉军镶白旗人。敦敏、敦诚、雪芹的好友。

玉蓝坡：雪芹同代人或稍晚。他是第一个对小说第十七、十八、十九三回分目提出调整建议的人。余不详，待考。

立松轩：或说即松斋，待考。

鉴堂：脂评之后来者。清人号鉴堂者有数人，乾隆间举人孙铨、嘉庆进士戚人镜皆号鉴堂。至今无法确认其究属何人。

绮园：清人中以“绮园”为号者甚多，难以确定究竟是谁。就评语内容看，在脂评团队中，他现身较晚。

三、畸笏叟又是谁？

《红楼梦》的两大评家，除脂砚斋外，还有畸笏叟。他写的眉批、侧批、行间批有 93 条，比脂批多出 35 条。对于这个大评家，和脂砚斋一样，也有一个“他是谁”的问题。通过分析他的所有批语，我们对他可以比对脂砚斋了解得更清晰一些。

首先，他无疑是雪芹的长辈，而且几乎不用怀疑，他就是曹頫。正因为此，他觉得自己带着胞兄的这个遗腹子进京后，对这个才华横溢的晚辈，没尽到一个监护人的责任，雪芹因他而无辜遭受牵连，乃至一生无出头之日，因而他觉得自己愧对家族，愧对托孤的胞兄。同时，他深切地从雪芹“无材可去补苍天，枉入红尘若许年”的悲鸣中，知道雪芹不单单是为自己的命运抛洒

“辛酸泪”，而且是在为家族的悲剧谱写史诗般的挽歌。因此，在他的批语中，既有长辈的严肃，又有对这个晚辈充满愧疚的关爱。这种复杂微妙的心理，在他的评语中经常不经意地流露出来。在他的评点中，往往以长者的口吻说话，一副老气横秋的模样。比如甲戌本第十三回有他的一条批语云：

秦可卿淫丧天香楼，作者用史笔也。老朽因有魂托凤姐贾家后事二件，嫡（应为“岂”）是安富尊荣坐享人能想得到者？其事虽未漏，其言其意，令人悲切感服，姑赦之，因命芹溪删去“遗簪”“更衣”诸文，是以此回只十页，删去天香楼一节，少去四五页也。

其次，畸笏叟享年比曹雪芹和脂砚斋都高。他在二人相继去世后，还一直在继续评点《红楼梦》。第二十二回有条批语曰：

前批知者聊聊（寥寥），不数年，芹溪、脂砚、杏斋诸子皆相继别去，今丁亥夏，只剩朽物一枚，宁不痛杀！

丁亥是乾隆三十二年（1767），也就是说，此时曹雪芹去世已经三年有余。

畸批有相当一部分与《红楼梦》创作素材和人物原型有关，这说明畸笏叟与曹雪芹一同经历过其中的某些事件。概括的就是作者与批者家族30年前的事。畸笏叟在批语中常称“余家”，其意甚明。同时，畸批中大量评语是透露小说八十回后的情节线索的，这说明他相当熟悉小说的全部框架，若非作者身边的至亲之人，是不可能得知这些细节的。

简略介绍畸笏叟的情况，是为了更好地理解他摘录的脂砚斋的一首七律。他在庚辰本第二十一回卷首总批中云：

有客题《红楼梦》一律，失其姓氏，惟见其诗意骇警，故录于斯：

自执金矛又执戈，自相戕戮自张罗。
茜纱公子情无限，脂砚先生恨几多！
是幻是真空历遍，闲风闲月枉吟哦。
情机转得情天破，情不情兮奈我何！

凡是书题者不少，此为绝调。诗句警拔，且深知拟书底里，惜乎失名矣！

畸笏叟摘录此诗，紧接着说：这是“深知拟书底里”的人才能写出来的。什么“底里”呢？那就是《红楼梦》故事的素材来源，以及曹雪芹创作这部小说的真实动机。

熟悉畸批的人都知道，这里所指的“客”即脂砚斋。所谓“失其姓氏”，是脂批和畸批惯用的“障眼法”。畸笏叟对脂砚斋的这首诗赞赏备至，那么，诗好在哪里呢？

很明显，整首诗概括的是《红楼梦》的主题思想，认为小说作者的创作意旨是围绕一个“情”字展开的。脂批团体的这位斋主劈空一句，单刀直入，说曹雪芹写这部小说，好像是个一手拿矛一手拿戈的人，既想破“空”，又想破“情”，将形形色色的众生统统网罗进他的“情天恨海”中，让他们去互相伤害。

概括过小说的主旨，诗人突然探究起了曹雪芹撰写这部巨著的思想根源。他认为“情痴”贾宝玉（茜纱公子）犹如曹雪芹的化身。“开辟鸿蒙，谁为情种？”——情深如许，自然要将“痴男怨女”当作他摹写的重点。然而这样一来，他勾起了我脂砚斋多少遗恨啊！

“是幻是真空历遍，闲风闲月枉吟哦”——人生在世，恩怨情仇，究竟哪些是真相，哪些是梦幻，谁能说个明白？当亲身经历过后，回头再看，一切的一切，空空如也；也曾为风花雪月如痴如醉，低吟浅唱，最后照样风流云散！情种雪芹也好，恨客脂砚也好，到头来还不是同样“落了片白茫茫大地真干净”！

尾联诗人说曹雪芹最后终于找到了破解人生虚妄和

情爱不朽之矛盾的“机关”，那就是转换“情机”。“转得”或称“转舍”，是佛教语。佛法认为，烦恼和知识皆为“业障”，都是苦难之“因”，一旦“转舍”，才会“转得”菩提与涅槃之“果”[1]。

结末脂砚斋以曹雪芹代言人的身份宣告：“情不情兮奈我何！”——我是一个化无情之物为有情之心的“意淫”主义者，浑浑噩噩的凡夫俗子能奈我何！

“情不情”三字出于《红楼梦》未完稿最后一回《警幻情榜》，这一回是曹雪芹原拟百回传奇的大结局，与第五回“贾宝玉神游太虚境，警幻仙曲演红楼梦”相呼应。不幸高鹗在续书中没有将这一互相呼应的艺术构思描写出来。这一信息是从第十九回的脂评中释放出来的：“后观《情榜》评曰：‘宝玉情不情，黛玉情情。’此二评自在评痴之上，亦属囫囵不解，妙甚！”脂砚斋将宝玉和黛玉相对比，认为宝玉是个处处留情、“意淫”万物的“天下第一淫人”，而黛玉却是个只对她爱的人动情的痴心人。

四、意淫说

“意淫”二字出现在第五回，书中言道，警幻仙引贾宝玉看了《金陵十二钗正册》，听了《红楼梦十二支》歌曲后，把他“送至一香闺绣阁中”后，二人有一段妙不可言的对话：

其间铺陈之盛，乃素所未见之物。更可骇者，早有一位女子在内，其鲜艳妩媚有似乎宝钗，风流袅娜则又如黛玉。正不知何意，忽警幻道：“尘世中多少富贵之家，那些绿窗风月，绣阁烟霞，皆被淫污纨绔与那些流荡女子悉皆玷辱。更可恨者，自古来多少轻薄浪子，皆以‘好色不淫’为饰，又以‘情而不淫’作案，此皆饰非掩丑之语也。好色即淫，知情更淫。是以巫山之会，云雨之欢，皆由既悦其色，复恋其情所致也。吾所爱汝者，乃天下古今第一淫人也。”

宝玉听了，唬的忙答道：“仙姑差了。我因懒于读书，家父母尚每垂训饬，岂敢再冒‘淫’字。况且年纪尚小，不知‘淫’字为何物。”

警幻道：“非也。淫虽一理，意则有别。如世之好淫者，不过悦容貌，喜歌舞，调笑无厌，云雨无时，恨不能尽天下之美女，供我片时之趣兴，此皆皮肤淫滥之蠢物耳。如尔，则天分中生成一段痴情，吾辈推之为‘意淫’。‘意淫’二字，惟心会而不可口传，可神通而不可语达。汝今独得此二字，在闺阁中固可为良友，

然于世道中未免迂阔怪诡，百口嘲谤，万目睚眦。”

警幻仙子对“意淫”二字的解说，不但是曹雪芹对真爱的理解，而且终于使他从佛理与情欲无法调和的矛盾中得以解脱，也使他的爱情观有了超凡脱俗的升华。所以，起初他把小说命名为《情僧录》；所以，他塑造了贾瑞这个好色之徒因手淫精竭而一命呜呼的反面形象，并与“情不情”的贾宝玉形成鲜明的对照。

意淫说是曹雪芹的一大发明，是他的首创，是他对艺术哲学的一大贡献。意淫说要比文学理论中的移情说、性灵说、童心说等高明多了。

同时，曹雪芹用“意淫”来解决人生之虚妄与情爱之永恒，这不由让人想起情僧仓央嘉措来。西藏的这位活佛的一生，同样在修行与爱情的夹击中受尽了煎熬，他写道：

曾虑多情损梵行，入山又恐别倾城。
世间安得双全法，不负如来不负卿。

这就是一个佛门中的情痴的解脱之道。与“意淫说”相比，“双全法”显然只是一种美好的愿望，而“意淫说”则是可以践行的柏拉图式的精神恋爱。后人有《悲雪芹》诗为证：

亘古大悲有谁知？泪洒顽石意淫史。

大观园里写春情，天下无人似君痴。

【注释】

〔1〕详释见《闽南佛学》1991 年第一期，戒斌：《唯识学上的转依义》。

五、回前诗概观

《红楼梦》的回前诗共有十首，除了后面将要解读的第二回前的题诗可以确定出自曹雪芹之手，和上面《凡例》结末总括全书意旨的题诗是脂砚斋所作外，早期抄本保留的回前诗有八首。这八首题诗集中在前十七回，唯独有一首与前七首相隔甚远，是题第六十四回的。这些诗虽然大致可以认定是脂砚斋团队中人的手笔，但很难确定每一首的具体作者是谁。个别题诗被其他评家赞赏，极有可能是脂砚斋写诗，畸笏叟评点，但也只是推测，并没有确凿的证据。比如第七回和第十七、十八回的题诗，还有几首显系后期评红家所为。这些回前诗都是有感于所题回目的故事情节而作，与曹雪芹的身世没有多少关系，单因为今本所无，故简述如次。

（一）第四回题诗为“梦稿本”[1]独有，它本均无。诗曰：

捐躯报国恩，未报身犹在。
眼底物多情，君恩或可待。

这首诗是讽刺贾雨村的。《红楼梦》里的这个生性狡猾、明哲保身的典型政客，从门子那里听说了“护官符”，得知打死人的薛蟠原来是四大家族之一的薛家的大公子后，便“胡乱判断”结案，伪造证据，放走了罪犯。首二句意谓不“捐躯报国”，尚有活路；倘若触犯了“护官符”，恐怕连性命都难保。

（二）第五回题诗曰：

春困葳蕤拥绣衾，恍随仙子别红尘。
问谁幻入华胥境，千古风流造孽人。

此诗概述警幻仙子在宝玉睡梦中领他神游太虚幻境，并将妹妹可卿许配于他。第一句是指秦氏的卧室。据上古史传说，华胥是伏羲的母亲，践雷神脚印而有孕，生伏羲。这里是指警幻仙子和可卿，认为她们是坏人童贞的“千古风流造孽人”。

（三）这首五绝题写第六回：“贾宝玉初试云雨情，刘姥姥一进荣国府”。

朝扣富儿门，富儿犹未足。
虽无千金酬，嗟彼胜骨肉。

书中说，刘姥姥因生活困难，拜访贾府，希望周济。谁承想当家的王熙凤哭穷，不过临走时，还是给她拿了二十两银子。

后两句让人想起《红楼梦十二支曲》中的〔留余庆〕来：“留余庆，留余庆，忽遇恩人；幸娘亲，幸娘亲，积得阴功。劝人生，济困扶穷，休似俺那爱银钱忘骨肉的狠舅奸兄。正是乘除加减，上有苍穹。”作者说，只因为凤姐的那二十两银子，积了阴德，巧姐险被“狠舅奸兄”卖到青楼，幸遇刘姥姥方才得救。

（四）第七回的题诗云：

十二花容色最新，不知谁是惜花人？
相逢若问名何氏，家住江南本姓秦。

这一回的后半部写秦可卿的弟弟秦钟人品如何出众，与宝玉一见如故，彼此倾慕。回后有对联再次重申此意：“不因俊俏难为友，正为风流始读书”。

前两句显系指所题回目，写周瑞家的奉薛姨妈之命，送十二支宫花一事。薛姨妈这样做自然是为宝钗笼络人心，因为她拿不准“金玉良缘”到底能不能成真。后两句随着小说中故事的进展，又转到了“宴宁府宝玉会秦钟”上。甲戌本在该回正文“方知他学名唤秦钟”句下有朱批云：

> 设云情种。古诗云：“未嫁先名玉，来时本姓秦。”二语便是此书大纲目、大比托、大讽刺处。

这两句古诗出自《玉台新咏》刘缓所作《敬酬刘长史咏名士悦倾城》[2]五言排律，用的是吴王夫差小女紫玉欲嫁韩重不遂，郁结于心而死的典故。可为什么要说这是“此书大纲目、大比托、大讽刺处”呢？

紫玉和韩重算得上是古代有名的“情种”，命运颇有点儿类似宝黛，因此就“未嫁先名玉，来时本姓秦”这一爱情悲剧而言，第一句正好可以移来暗喻黛玉，第二句可以用来明指秦钟，所以说是“大纲目、大比托”。所谓“讽刺处”，与刘缓诗中的“工倾荀奉倩，能迷石季伦”有关。荀奉倩即三国时魏国荀彧的幼子，据说他曾提出过“女子以色为主，才智不足”的主张；石季伦即石崇，他虽然富可敌国，但在西晋高层的权力斗争中全家被杀，宠妾为他坠楼而死。明义写二十首《题红楼梦》的最后一首亦云：“馔玉炊金未几春，王孙瘦损骨嶙峋。青蛾红粉归何处？惭愧当年石季伦。”这与曹雪芹家族的败落确有某种暗合之处。脂批所谓“大讽刺处”，大概是指此而言。

（五）第五首回前诗为甲戌本所独有，抄在第八回“比通灵金莺微露意，探宝钗黛玉半含酸”回目后，其诗曰：

古鼎新烹凤髓香，那堪翠斝贮琼浆。
莫道绮縠无风韵，试看金娃对玉郎。

这一回写宝玉去梨香院探视卧病的宝钗，正当宝玉拿出他戴的“通灵宝玉”，宝钗拿出她戴的“黄金璎珞”，互相欣赏的时候，不巧被黛玉撞见，不免含酸。黛玉为什么要吃醋？且看此诗的意旨。

“古鼎新烹凤髓香”是指以“麟髓之醅，凤乳之曲”酿成的奇香异酒，其名曰“万艳同杯”。此酒“清香甘洌，异乎寻常”，系“放春山遣香洞太虚幻境警幻仙子”所制。这里比喻至浓至醇的爱情。而“翠斝”是翠玉制成的酒杯，比喻世人狭隘的心胸。

“那堪翠斝贮琼浆”意谓小小的酒杯哪能盛得下这奇香浓郁的琼浆玉液？比喻世俗的人们不能体会至情至爱

的真谛。

“莫道绮縠无风韵”意思是说，不要认为出身豪门望族的女子没有知情识趣的风韵吧。“绮”是带有花纹或图案的丝织品，“縠”是有皱纹的纱。诸葛亮《治人》云：“绮罗绫縠，玄黄衣帛，此非庶人之所服也。”所以“绮縠”在这里指代贵族子女。

最后一句的“金娃”指薛宝钗，“玉郎”指贾宝玉。

这首回前题诗以美酒与绮罗设喻，形容宝钗与宝玉的姻缘是命中注定的绝配。如果以为高贵的女子不解风情，那就请看宝钗与宝玉的这段天造地设的奇缘吧！

这首诗不为其他抄本所有，很可能是较晚的评红者所题。

（六）第十三回的题诗是首五绝：

一步行来错，回头已百年。
古今风月鉴，多少泣黄泉！

诗前有总评：

此回可卿梦阿凤，盖作者大有深意存焉。可惜生不逢时，奈何奈何！然必写出自可卿之意也，则又有他寓意焉。

荣宁世家未有不尊家训者，虽贾珍尚奢，

岂明逆父哉？故写敬老不管，然后恣意，方见笔笔周到。

诗意首二句从“一失足成千古恨，再回头已百年身”翻出。后一联显然是针对“见熙凤贾瑞起淫心”和“秦可卿淫丧天香楼”而作。

（七）《红楼梦》的第十七、十八回合写，没有分开，集中笔墨写为庆贺元春省亲，大观园落成后，贾宝玉和姐妹们题咏各处景点，和元春归省时宁荣二府庆祝元宵节的热闹情景。庚辰本回前有一首五绝：

豪华虽足羡，离别却难堪。
博得虚名在，谁人识苦甘？

元春省亲是《红楼梦》最热闹的一段戏文，写尽了皇亲国戚“烈火烹油、鲜花着锦”般的奢华，以及背后隐藏着的辛酸悲苦。诗中所说“豪华虽足羡，离别却难堪”，是指正文中贾妃含泪对父亲贾政说的话：“田舍之家，虽齑盐布帛，终能聚天伦之乐；今虽富贵已极，骨肉各方，然终无意趣。”后两句是即景生情，抒发感慨，将所谓“浩荡皇恩”视为“虚名”，可有谁明白其中的苦楚呢！

脂批：

好诗！全是讽刺。近之谚云："又要马儿好，又要马儿不吃草。"真骂尽无厌贪痴之辈。

脂砚斋拓宽了诗的意境，把批判的矛头指向了所有贪婪痴愚之辈。

（八）此诗仅见于《红楼梦》的苏联列宁格勒（今俄罗斯圣彼得堡）藏本，国内现存各抄本均无。诗题写于第六十四回回目后、正文前。隔过近五十回，又突然冒出了这首回前诗，令人颇费思量。其诗曰：

深闺有奇女，绝世空珠翠。
情痴苦累多，未惜颜憔悴。
哀哉千秋魂，薄命无二致。
嗟彼桑间人，好丑非其类。

第六十四回前半回"幽淑女悲题五美吟"写黛玉作诗五首，分别题咏西施、虞姬、明妃、绿珠、红拂。题诗赞美黛玉才貌绝世，幽居深闺，徒有珠翠增色，和历史上的那些奇女子一样，为情所累，同样薄命。这一回的后半回"浪荡子情遗九龙珮"写贾琏勾引尤二姐。就"薄命"而言，尤氏姊妹与黛玉并"无二致"，但一淫佚，一贞静，与黛玉和五个古代女子相比，尤氏姊妹

“非其类”——不是同一类型的人。“桑间”是淫荡的意思，这里指尤氏姐妹。史载“卫地有桑间、濮上之阻，男女亦亟聚会，声色生焉”。后多以“桑间”喻淫风。有一个未解之谜是：为什么自前十七回之后，除了第六十四回突然冒出一首回前诗，就再也看不到有回前回后题诗呢？这是一个令人格外困惑的难题。研读前八十回的评红批语，找不到丝毫可以破谜的线索。这只能留待后起之秀们了。

总而言之，《红楼梦》的这八首回前诗无法确定著作权当属何人，是曹雪芹按照话本的传统手法附丽于正文呢，还是脂砚斋团队的人或畸笏叟针对故事情节与回前总评结合在一起的批注呢，抑或是后来的评红者的感悟呢？一概找不到可靠的证据，因此不能妄下结论。读者完全可以发挥自己的想象力，自证自悟，作出自己的解释。

【注释】

〔1〕梦稿本：书名《乾隆抄本百廿回红楼梦稿》，1959 年发现，简称“梦稿本”。

〔2〕刘缓全诗云：

不信巫山女，不信洛川神。

何关别有物，还是倾城人。

经共陈王戏，曾与宋家邻。
未嫁先名玉，来时本姓秦。
粉光犹似面，朱色不胜唇。
遥见疑花发，闻香知异春。
钗长逐鬟发，袜小称腰身。
夜夜言娇尽，日日态还新。
工倾荀奉倩，能迷石季伦。
上客徒留目，不见正横陈。

第六章　皇家宫闱红迷揭秘

曹雪芹谢世不久，《红楼梦》便首先在皇亲国戚中秘密传播开来，由淳颖的诗即可窥斑见豹。

淳颖，其先祖多尔博，为开国元勋多铎之子。多铎胞兄睿亲王多尔衮无后，为袭封续爵，多尔博在兄弟二人间往复承祧。多尔博死后，命其五世孙淳颖袭爵。乾嘉二朝，淳颖先后担任过左右总政、御前大臣等职，足见其在高层的地位。他还是嘉庆皇帝清算大贪官和珅所依靠的重要力量。

淳颖生于曹雪芹逝世前三年，博学多才，著有《身云室诗稿》。他的这首《读〈石头记〉偶成》作于乾隆五十六年（1791）春夏之交，亦即雪芹去世27年后。此时，程甲本[1]尚未刊行，淳颖看到的是手抄本。

读《石头记》偶成

满纸喁喁[2]语不休，英雄[3]血泪几难收。
痴情尽处灰同冷[4]，幻境传来石也愁。

怕见春归人易老，岂知花落水仍流！
红颜黄土梦凄切，麦饭[5]啼鹃认故丘。

这首七律本身对曹雪芹的身世没有提供太多有价值的东西，意境也平淡无奇，但是可以从诗意中看出他所读的《石头记》结局较为完整，有别于今之通行本。为何会如此？这是不可能讲清的。然而通过他的诗作，我们可以发现另一个也很重要的问题，那就是《红楼梦》在皇宫秘密传阅的事实。据载，乾隆末年，和珅将《红楼梦》呈上，乾隆看后说："此盖为明珠家事作也。"[6]（后来的索隐派所谓"明珠家事"说盖缘于此）

当时，清皇室后宫佳丽中，不少妃子成了红迷。为此，卫道士们气急败坏。有人指责"淫书以《红楼梦》为最"；更有人对曹雪芹恶毒诅咒，竟至想用因果报应来惩罚他。毛庆臻[7]著《一亭考古杂记》说：

乾隆八旬盛典后，京板《红楼梦》流行江浙，每部数十金……其书较《金瓶梅》愈奇愈热，巧于不露，士大夫爱玩鼓掌。传入闺阁，毫无避忌。作俑者曹雪芹，汉军举人也……然入阴界者，每传地狱治雪芹甚苦，人亦不恤，盖其诱坏身心性命者，业力甚大。

这位毛道学居然异想天开，甚至出主意要“聚此淫书，移送海外，以答其鸦烟流毒之意，庶合古人屏诸远方，似亦《阴符》[8]长策也”。在他眼里，《红楼梦》的毒性比鸦片都要可怕，竟然可以用来消灭西方列强，以雪国耻。

尽管自乾隆、嘉庆，至道光、同治年间，诅咒、诋毁《红楼梦》的声音不绝于耳，可是仍然挡不住其风靡朝野，甚至连慈禧都成了《红楼梦》的“粉丝”。小说中的有些段落，她甚至能背诵。景梅九[9]《石头记真谛》说：

> 满人尝有指摘《红楼》为谤书，又嗔满人多不解，反爱好之。清末后妃皆爱本书，西后（慈禧）尝自拟史太君（贾母），瑾、瑜二贵妃令画苑绘大观园图，令内廷臣工题诗。盖久矣不识忌讳，亦可见本书之影响。

邓之诚《骨董琐记》载：

> 唯小说为道、咸后重刻者，略删猥亵过甚语而已。或谓是时宫禁中流传甚广，故不能绝。闻孝钦（慈禧）颇好读说部，略能背诵，尤熟于《红楼》，时引贾太君自比。

天才作家伟大的文学创作，有时候比物质的力量都要强大，生命力非常旺盛。这样的杰作，不但能影响一个时代，一个国家，也能影响整个世界。《红楼梦》就是明证。

【注释】

〔1〕程甲本：乾隆五十六年（1791），程伟元和高鹗将《红楼梦》前80回与他们续写的后40回合成排印，书名为《红楼梦》，通称“程甲本”。

〔2〕喁喁：形容低声，此处指书中的情语秘事。

〔3〕英雄：淳颖自谓。

〔4〕灰同冷：《红楼梦》第十九回贾宝玉有“等我有一日化成了飞灰”“等我化成一股轻烟”之说，暗含谶意，“灰同冷”即指该事。

〔5〕麦饭：农家粗食，古人常于清明节以麦饭祭扫。刘克庄《寒食清明》诗：“汉寝唐陵无麦饭，山溪野径有梨花。”

〔6〕明珠家事说：见赵烈文《能静居日记》。

〔7〕毛庆臻：道光年间学者，识书画，精鉴赏，所著《一亭考古杂记》记录了有关《红楼梦》的作者及其续书的情况。

〔8〕《阴符》：道家经典，旧题《黄帝阴符经》，实成书于战国时期，主旨阐述依托于天道人德的谋略之术。

〔9〕景梅九：清末民初人，人文学家，同盟会会员。他的《石头记真谛》与蔡元培的《石头记索隐》被推为开中国红学研究先河之作。

第七章　移花接木话红楼

任何一部文学名著，只有作家通过大量丰富的生活素材，凭借自己博大精深的人文学养，以天才的艺术构思，呕心沥血，数易其稿，才能登上一览群山的高峰。曹雪芹，这位可与莎士比亚、托尔斯泰媲美的伟大的现实主义作家，也是这样。不过，具体到《红楼梦》的创作，还得从他的一首诗讲起。

一、香销茶尽尚逡巡

曹雪芹生前，朋友们对他的诗推崇备至。敦诚说他的诗风直追鬼才李贺："爱君诗笔有奇气，直追昌谷破篱樊。"敦敏说他："醉余奋扫如椽笔，写出胸中磈礧时。"但是"爱将笔墨逞风流"的天才诗人却惜墨如金，一般不肯轻易下笔，正如张宜泉所说："君诗曾未等闲吟。"结果，如此一来，除了收进《红楼梦》里的，以往能够确定的他的诗，只有一个断句："白傅诗灵应喜甚，定教蛮素鬼排场。”[1]

即便只此两句，也是从敦诚那里得到的。敦诚在《四松堂集·鷦鹩庵笔麈》中说：

> 余昔为白香山《琵琶行》传奇一折，诸君题跋，不下数十家。曹雪芹诗末云：“白傅诗灵应喜甚，定教蛮素鬼排场。”亦新奇可诵。曹平生为诗大类如此，竟坎坷以终。余挽诗有“牛鬼遗文悲李贺，鹿车荷锸葬刘伶”之句，亦驴鸣吊[2]之意也。

敦诚的《琵琶行传奇》据白居易长篇叙事诗《琵琶行》改编。乾隆二十七年壬午（1762），敦诚在自家的西园演出他的剧作，并邀请曹雪芹观赏。雪芹看了“小部梨园”的演出，又读了敦诚的剧本，随后与“诸君”一同题诗致贺。这是全诗的最后一联[3]。

既然曹雪芹的诗如此金贵，那么除了在《红楼梦》中得以留存的诗词曲赋外，他还有没有一首完整的诗传世呢？为了解决这一问题，红学家们翻遍乾隆以降的所有文史资料，可惜都失望了。虽然吴恩裕先生曾经找到一首《题自画石》，真诚地认定是曹雪芹的诗，并为此诗撰写繁文，予以诠释。然而十分遗憾，后来被证明弄错了——张冠李戴，把别人的诗当成是曹雪芹的了[4]。

如此说来，曹雪芹在《红楼梦》之外，莫非真的没有给后世留下一首完整的诗？有。不但有，而且这首诗还关系到《红楼梦》创作过程中一些鲜为人知的隐情！红学研究中的索隐派也好，新旧红学家也好，都曾经不遗余力地探索过曹雪芹不同寻常的创作历程，也曾不同程度地接触过这首诗，可惜有的浅尝辄止，有的隔靴搔痒，都没有以此为契机进行深入的探讨。

如果说本书第二章谈到的书箱上的题诗尚待考证的话，那么这首诗的的确确出自曹雪芹之手，而且是《红楼梦》第二回的开篇题诗。诗云：

一局输赢料不真，香销茶尽尚逡巡。
欲知目下兴衰兆，须问旁观冷眼人。

甲戌本“诗云”下批曰：“只此一诗便妙极！此等才情，自是雪芹平生所长。”可知诗乃雪芹所作无疑。

我们先来诠释诗意，然后再阐述这首诗对《红楼梦》创作的不容小觑的意义。

用棋局比喻时局，是我国古代文人的一种特有的思维习惯和写诗手法，譬如杜甫曾以“闻道长安似弈棋，百年世事不胜悲”来形容“安史之乱”；钱谦益则用三十首《观棋绝句》来暗喻明清两个朝代的更替。曹雪芹的这句“一局输赢料不真”是什么意思呢？

前文曾经简略地说过，雍正继位的第五年，就抄没了坐镇江南织造府的曹家，当时的凄惨景象肯定在13岁的曹雪芹的幼小的心灵上打下了深深的烙印。移居北京12年后，当雪芹25岁时，因发生了庄亲王胤禄与弘晳等皇室子孙的“谋逆”案，而曹家不幸与涉案的主要人物关系密切，生活在北京故居的曹頫再次被抄家起底，从此一蹶不振，子孙流散，奴仆尽遣。

胤禄是康熙十六子，康熙末年，命掌内务府，是织造府曹氏的顶头上司，后因与胤礽长子理亲王弘晳往来诡秘，被停俸罢爵。弘晳是康熙之孙，胤禄之侄，自幼受康熙宠爱。康熙朝后期的储位之争，以及因此引发的雍正初期清除朋党，使清室的宫廷斗争到了白热化的程度，而发生在乾隆四年的弘晳事件，则使权力斗争再起波澜。乾隆以弘晳“心怀异志”，将其革除宗籍，软禁景山。弘晳虽然倒台了，但追随他发难的其他皇子皇孙却大多全身而退，弘晳派的实力仍在。

根据史料记载，弘晳确有“承继大统”的可能和野心。他曾于府中私设内务府下属司衙，与从前的内务府主管胤禄“私相交结，往来诡秘”。蛰居北京的曹頫曾复职内务府，与此二人既是老关系，又是新部下，因此在第二波抄家风潮中，曹頫成为这场政治斗争的牺牲品。

然而，震惊朝野的高层博弈，最终结局会怎么样呢？——“一局输赢料不真”。权力高层盘根错节、波谲云诡的生死相搏，让曹雪芹难料胜负。年少时经历的家族败落，只给了他感性的震撼；成熟后经历的这场龙虎恶斗，终于激活了一个天才作家的潜能。他决心把这种政治角力的惊心动魄用艺术形式展现出来。“醉余奋扫如椽笔，写出胸中魂礧时”——此时的曹雪芹，已经决心通过自己家族的兴衰史来折射大清王朝的重重黑幕。然而当他怀着“无材可去补苍天，枉入红尘若许年”的满腔悲愤，打算以大荒山无稽崖青埂峰下的一块顽石开篇，以《好了歌注》为主题，展开小说的整个故事的时候，却踌躇徘徊了、犹豫不决了——“香销茶尽尚逡巡”——炉香已灭，茶水也已喝完，可他依然拿不定主意，写到“冷子兴演说荣国府”时，不知道接下来该从哪里写起。想到家族两次被抄没，他心有余悸；放眼震惊朝野的文字狱，他不寒而栗。接下来该怎么写呢？这时候，他情不自禁想起了已经脱稿的《风月宝鉴》来。脂砚斋曾有批语说：“雪芹旧有《风月宝鉴》之书，乃其弟棠村序也。”作者在《红楼梦》一开始也坦陈：

空空道人因空见色，由色生情，传情入色，自色悟空，遂易名为情僧，改《石头记》为《情僧录》。东鲁孔梅溪则题曰《风月宝鉴》。后因曹雪芹于悼红轩中披阅十载，增删五次，纂成目录，分出章回，则题曰《金陵十二钗》。

脂批和这段自白说得再清楚不过了：曹雪芹在着手撰写《红楼梦》时，已经写过一部以“色空”为主题的小说，书名是《风月宝鉴》，又名《情僧录》，他的堂弟棠村还为小说写过序。后来重新创作的长篇，无论是叫《石头记》，还是《金陵十二钗》，都是在《风月宝鉴》的基础上，“披阅十载，增删五次，纂成目录，分出章回”而成的。如果作者起手写的就是《红楼梦》，为什么不说“撰写十载”，而说“披阅十载”呢？

当曹雪芹决定移花接木地改写《风月宝鉴》，将“自色悟空”的内容变成一部反映时政和人生的史诗的时候，经过长久的犹豫，突然灵光一闪，他做出了两个重大的决定：

（一）“将真事隐去，而借‘通灵’之说，撰此《石头记》一书……用假语村言，敷演出一段故事来”。这样一来，他就能以一个局外人、旁观者的身份，通过一个封建大家族的衰亡史，把历史真相借“假语村言”传达给后人。

“欲知目下兴衰兆，须问旁观冷眼人”——你们若想知道眼下这场骨肉相残的窝里斗，预兆着怎样的结局，那就来问我吧。我将逃离这个大难临头的火宅，冷眼旁观，告诉你们里面的全部秘密。

多么清醒，多么睿智，多么洒脱！不明白这首诗的内涵，能读懂《红楼梦》吗？这也正是脂砚斋为什么要说“只此一诗便妙极。此等才情自是雪芹平生所长”的原因所在！

（二）把《风月宝鉴》中的故事大幅度调整，重新设置背景，构思情节，重塑人物形象，使全部架构围绕新的主题展开。

《红楼梦》的创作，虽然是在《风月宝鉴》的基础上，经过移花接木式的改动而完成的，但从内容和形式上都是一次质的变化。作者在把已经定型的《风月宝鉴》和重新构思的《红楼梦》融合为一部全新的巨著的时候，有的段落虽说衔接的天衣无缝，也有不少地方露出了“破绽”，细节的衔接无法“合榫”。比如贾琏与多姑娘的故事，是借巧姐出痘引出来的。书中写到，宁荣二府庆贺元妃省亲共热闹了十二天，元妃回府五天后巧姐出痘。可是第六天头上是宝钗的生日，就说巧姐出痘已经痊愈，还送神祭天祭祖。从出痘到痊愈能有这么快？可见这是在衔接两部书稿时出现的纰漏。

特别应当注意的是，《风月宝鉴》中原来的一些情节和人物也多有保留，最明显的是反映“色空”的情节在再创中依然随处可见。且不说今本《红楼梦》中的色情描写，譬如宝玉与秦钟的同性恋、贾瑞手淫、薛蟠的黄段子等等，就拿“贾天祥正照风月鉴”来说，就写得十分露骨。书中写道：

他（贾瑞）二十来岁之人，尚未娶亲，迩来想着凤姐，未免有那指头告了消乏等事；更兼两回冻恼奔波，因此三五下里夹攻，不觉就得了一病：心内发膨胀，口中无滋味，脚下如绵，眼中似醋，黑夜作烧，白昼常倦，下溺连精，嗽痰带血。诸如此症，不上一年都添全了。于是不能支持，一头睡倒，合上眼还只梦魂颠倒，满口乱说胡话，惊怖异常。……

忽然这日有个跛足道人来化斋，口称专治冤业之症。……那道士叹道："你这病非药可医，我有个宝贝与你，你天天看时，此命可保矣。"说毕，从褡裢中取出一面镜子来——两面皆可照人，镜把上面錾着"风月宝鉴"四字——递与贾瑞道："这物出自太虚幻境空灵殿上，警幻仙子所制，专治邪思妄动之症，有济世保生之功。"……

贾瑞收了镜子，想道："这道士倒有意思，我何不照一照试试。"想毕，拿起风月鉴来，向反面一照，只见一个骷髅立在里面，唬得贾瑞连忙掩了，骂："道士混账，如何吓我！我倒再照照正面是什么。"想着，又将正面一照，只见凤姐站在里面招手叫他。贾瑞心中一喜，荡悠

> 悠的觉得进了镜子，与凤姐云雨一番，凤姐仍送他出来。到了床上，“嗳哟”了一声，一睁眼，镜子从手里掉过来，仍是反面立着一个骷髅。贾瑞自觉汗津津的，底下已遗了一滩精。心中到底不足，又翻过正面来，只见凤姐还招手叫他，他又进去。如此三四次。到了这次，刚要出镜子来，只见两个人走来，拿铁锁把他套住，拉了就走。贾瑞叫道：“让我拿了镜子再走！”只说得这句，就再不能说话了。
>
> 旁边服侍贾瑞的众人，只见他先还拿着镜子照，落下来，仍睁开眼，拾在手内，末后镜子落下来便不动了。众人上来看时，已没了气。身子底下冰凉渍湿一大滩精。这才忙着穿衣抬床。代儒夫妇哭得死去活来，大骂道士：“是何妖镜！若不早毁此物，遗害于世不小。”遂命架火来烧，只听镜内哭道：“谁叫你们瞧正面了！你们自己以假为真，何苦来烧我？”

在后来的再创作中，虽然突出了“意淫”的奇思妙论，但还是保留了不少类似的“色情”描写。

“秦可卿淫丧天香楼”大概是《风月宝鉴》的重头戏。虽然在《红楼梦》中被删节了，仍旧为此引发了一场争论。畸笏叟甚至以一个家长的身份，命令作者务必删除这一情节。小说第十三回写至秦氏之死时说：“彼时合家皆知，无不纳罕，都有些疑心。”此处有眉批云：“九个字写尽天香楼事，是不写之写。”回末又有眉批和总批云：

> 通回将可卿如何死故隐去，是余大发慈悲也，叹叹！
>
> 秦可卿淫丧天香楼，作者用史笔也。老朽因有魂托凤姐贾家后事二件，嫡（应为“岂”）是安富尊荣坐享人能想得到者？其事虽未漏，其言其意，令人悲切感服，姑赦之，因命芹溪删去“遗簪”“更衣”诸文，是以此回只十页，删去天香楼一节，少去四五页也。

秦氏因与公公私通而“淫丧”，为什么成了“史笔”呢？畸笏叟又为什么对这件事如此敏感且恐惧，非要作者删除呢？作者又为什么将原来的回目改成“秦可卿死封龙禁尉”呢？凡此种种，在在处处，令人疑窦丛生。

如此令人不堪的丑事，其素材莫非来自曹家？我想不是。“为尊者讳，为亲者讳”，“家丑不可外扬”——这样的伦理常识曹雪芹不敢触犯。极有可能，这里影射的是宫庭秘辛。唯其如此，才会让畸笏叟，即曹頫忧心忡忡，如坐针毡，也才会被当作是“史笔”。那到底是影射大清王朝什么样的宫廷丑闻呢？这就只有问曹雪芹了。

综观全书，《风月宝鉴》中被保留下来的故事，除了“秦可卿淫丧天香楼”和“贾天祥正照风月鉴”外，还有秦钟于水月庵与智能儿偷情，尤氏姐妹不同的悲剧命运等。正因为《风月宝鉴》中的大量故事情节被移入到重新架构的《红楼梦》中，所以产生了时间、处所等细节上的差错。结果这些瑕疵，后来被一帮哗众取宠的人当成了曹雪芹不是小说作者的证据。其实把两部长篇合成一部结构宏伟、人物众多、头绪纷纭的巨著，对于如此浩大的工程来说，这样的瑕疵在所难免。作者在文网密织的背景下，所关注的东西远比这类细节要复杂得多。比如，他既担心读者因“假语村言”而忽略被隐去的“真事”，又怕刻意求索“真事”而不去推敲“不写之写”；既担心读者迷恋大观园的花团锦簇、珠光宝气而忘了“百足之虫，死而不僵”的那个“空架子”，又怕从中发现之所以导致这样的衰败，根源全在于为迎接康熙大帝的六次南巡……真心喜欢《红楼梦》的人，应当体察作者在如此宏伟的艺术创作中所遇到的种种困难和苦衷，否则就不是曹雪芹的知音。或许连雪芹自己也曾考虑到他的这种国画式的“烟云模糊”法将会给读者带来困惑，因此他在说明他于“悼红轩中披阅十载，增删五次”后，随即写下一首自嘲自叹的五绝：

满纸荒唐言，一把辛酸泪！

都云作者痴，谁解其中味？

然后在第八回中假托“后人有诗嘲曰”，自己出面解释了这首五绝的意思：

女娲炼石已荒唐，又向荒唐演大荒。

失去幽灵真境界，幻来亲就臭皮囊。

好知运败金无彩，堪叹时乖玉不光。

白骨如山忘姓氏，无非公子与红妆。

这样的解释饱含着多少无奈和悲哀啊！

姑且不去讨论曹雪芹的“辛酸”和悲凉，通过上述对《红楼梦》与《风月宝鉴》关系的分析，我们可以得出两个结论：

（一）前者是在对后者“披阅十载，增删五次”的基础上完成的。这是一次移花接木式的再创作，两部小说在诸多方面有着质的区别。

（二）曹家于乾隆四年（1739）被第二次抄没后，雪芹才萌生了通过自家的兴衰反映封建社会兴亡之规律的构想，而1739年则是这一重大转折的分界线。

【注释】

〔1〕“白傅”二句：白傅指白居易，他曾官至太子少傅，故名。诗灵：诗人的在天之灵。蛮素：指白居易能歌善舞的侍妾小蛮和樊素。据《本事诗》：“白尚书姬人樊素善歌，妓人小蛮善舞。尝为诗曰：‘樱桃樊素口，杨柳小蛮腰。’”排场：排演的意思。

〔2〕驴鸣吊：据《世说新语·伤逝》载，建安七子王粲生前好驴鸣，死后曹丕参加葬礼，对同行人说：仲宣（王粲字）活着的时候喜欢听驴叫，现在咱们每人学一声驴叫，为他送葬。于是，驴叫声响成一片。

〔3〕中华人民共和国成立后，有人妄图补全其诗，杜撰曰：

唾壶崩剥慨当慷，月荻江枫满画堂。

红粉真堪传栩栩，渌樽那靳感茫茫。

西轩鼓板心犹壮，北浦琵琶韵未荒。

白傅诗灵应喜甚，定教蛮素鬼排场。

此诗曾在红学界引起轩然大波，对其有诸多争议，详情见吴恩裕《曹雪芹佚著浅探》第232页。

〔4〕吴恩裕谈到的是一首五律。诗云：“爱此一拳石，玲珑出自然。溯源应太古，堕世又何年？有志归完璞，无才去补天。不求邀众赏，潇洒做顽仙！”诗是孔祥泽从他外祖父富竹泉所著的《考槃室札记》手稿中抄录给吴恩裕的。后来找到富氏刊刻的《考槃室诗草》，发现这是富氏自己写的一首诗，与曹雪芹毫无关系。

二、书名为什么是《红楼梦》?

大多数人也许至今还以为《红楼梦》是唯一的书名呢，其实这部长篇小说的命名也有个演变的过程。曹雪芹真正中意的书名并不是《红楼梦》，而是《石头记》。脂砚斋“四阅评过”，皆题名曰《脂砚斋重评石头记》；脂、畸二人的大量评点中，出现次数最多的也是《石头记》。“红楼梦”三字集中出现在小说第五回“饮仙醪曲演红楼梦”，连回目共四次，那也是为了引出“十二支曲”才用的；在脂、畸二人的所有评点中，“红楼梦”三字总共只出现过不到20次，而“石头记”却出现过近40次。到底该给小说起个什么样的名字，曹雪芹与脂砚斋、畸笏叟等人是有不同意见的。他们曾经选用过不下四五个书名，起初想沿用《风月宝鉴》这一旧名，后又改《石头记》为《情僧录》，最后“则题曰《金陵十二钗》”，偏偏没有《红楼梦》。甲戌本第一回，在“空空道人听如此说，思忖半晌，将这《石头记》再检阅一遍”旁，有朱笔行间批，注明《石头记》是“本名”。这说明其他几个名字都是备用名，《石头记》才是曹雪芹想用的书名。

经常写文章的人都知道，不要说是一部长篇小说，即便是一篇短文，命名也是最伤脑筋的事。这在《红楼梦》的命名上也体现出来了。曹雪芹为什么倾向于《石头记》这一书名呢？原因有三：

首先，这部传奇性的小说的全部故事情节原本就是与“石头”紧紧联系在一起的，都是因“女娲氏炼石补天之时”废弃在青埂峰下的那块“顽石”由于“灵性已通”，化作“一块鲜明莹洁的美玉”引出来的。小说中的主角黛玉、宝玉、宝钗的一系列情感纠葛也差不多都与此“石”有关。“无材可去补苍天，枉入红尘若许年。此系身前身后事，倩谁记去作奇传”呢？——石兄也。石者，天地之原型也；玉者，自然之奇葩也。石者，雪芹之自谓也；玉者，宝玉之化身也。亏作者想得出来，他将一部本来是“伤时骂世”的警世之作，巧妙地掩饰成了“顽石”自叙身世的传奇，而且他一上场就声明：“作者自云：因曾历过一番梦幻之后，故将真事隐去，而借‘通灵’之说，撰此《石头记》一书也。”可是作者的狡黠却被脂砚一语道破：

> 足见作者之笔狡猾之甚！后文如此处者不少，这正是作者用画家烟云模糊处，观者万不可被作者瞒蔽了去，方是巨眼。

其次，故事情节、人物活动的地理环境是在南京，而不是在北京。南京素有石头城之称，小说可以理解为发生在石头城里的故事。这在书中也借贾雨村之口点明过：

> 去岁我到金陵地界，因欲游览六朝遗迹，那日进了石头城，从他老宅门前经过，街东是宁国府，街西是荣国府，二宅相连，竟将大半条街占了。

话虽这么说，可小说中人物的具体活动地点还是在北京。书中“回南京去”“哭向金陵”之类的话每每出现。这说明作者在塑造人物的时候，清楚地知道环境背景是在北京，但在下意识中，却又不自觉地回到了他魂牵梦萦的南京。因为曹家也罢，自己也罢，与那石头城的关系太密切了，使他终生无法切割与那里的血缘脐带。

第三，曹雪芹之所以取名《石头记》，除与小说的艺术构思直接相关，也与他一生对石情有独钟有关。从本书第三章朋友们的诗中，我们已经知道，曹雪芹爱石、画石是出了名的。在脂砚斋的评点中，“石兄”成了作者的代号，动不动“石兄”如何如何；在小说中，他也常常从故事中跳出来，代“石”发言。如第十八回写大观园落成后，贾政邀请一帮清客一边参观，一边命令宝玉给各处景点题写楹联，书中对贾政嘲讽一番后，作者突然撇开情节描写，说：“诸公不知，待蠢物将原委说明，大家方知。”我们记得，在空空道人和茫茫大士发现青埂峰下的顽石时，便是将其称为“蠢物”的。所以，“蠢物”者，石头也，作者也。不但在小说中，这个“石头”会跳出来说话，即便是整部传奇，也可以说是“代石传言”。明义的《题红楼梦》有句云：“石归山下无灵气，纵使能言亦枉然。”他敏锐地看出了小说的深层含义是在借“石能言”[1]的典故揭露统治阶级穷奢极欲、残民致富的罪恶行径。

既然如此，后来为什么违逆了曹雪芹的初心，最终定名为《红楼梦》呢？

将《红楼梦》作为书名有个逐渐演进的过程，而甲戌本“至吴玉峰题曰《红楼梦》”的批语的出现，对书名的变更起到了不容忽视的作用。特别是在脂砚斋将其《凡例》置于小说之首后，有评红者妄加一己之见，劈头就说：“《红楼梦》是总其全部之名也。”因此，后来开始出现了直接标称《红楼梦》的抄本，永忠、明义的题咏诗也都称《红楼梦》，而真正完成书名由《石头记》到《红楼梦》转变的是程伟元、高鹗刻本的问世。从此之后，广大读者也就越来越认可《红楼梦》这个书名了。这是为什么呢？

首先，两个书名的内涵，《石头记》着重于小说的缘起和作者的个人癖好，而《红楼梦》却可以满足某种普遍的社会心理需求。无论哪个时代的人，一方面都有一种“人生如梦”的幻灭感，另一方面“梦”又是每个人的理想、憧憬的象征性符号。这从后来诠释《红楼梦》这一名称的许多文章也可以看出来。比如《梦痴说梦》[2]云：

> 《红楼梦》三字，世俗以闺阁红颜薄命解之，非也。红楼者，肉团心之别名；梦者，幻妄之谓。根尘积垢高厚，如楼无人，惟妄居之不疑，如海市蜃楼，鸟雀认为真，众趋群赴，自投魔口，身遭妖噬，是谓《红楼梦》，唯不识真假者为然。

其次，从接受美学的观点来看，任何文学作品，一旦公之于众，就具有了四重义：文本义、作者义、读者义和大众义。这四种意趣往往是不统一的，甚至会产生乖违。《红楼梦》书名的作者义和读者义、大众义就出现了审美取向的偏离。作者取义于小说自身的寓意和自己的偏爱，广大读者却更愿意按照自己的主观想象去接受小说释放出来的信息。这种审美取向的乖违不但出现在对书名的选择上，在对《红楼梦》主题思想的理解上表现得尤为明显。

【注释】

〔1〕石能言：典出《左传》昭公八年。其文云：八年春，石言于晋魏榆。晋侯问于师旷曰："石何故言？"对曰："石不能言，或冯焉。不然，民听滥也。抑臣又闻之曰：'作事不时，怨讟动于民，则有非言之物而言。'今宫室崇侈，民力凋尽，怨讟并作，莫保其性。石言，不亦宜乎？"

〔2〕见一粟《红楼梦资料汇编》第176页。

三、《红楼梦》主题思想之我见

《红楼梦》的主题思想到底是什么？这是一个永远无法统一的命题。说实话，曹雪芹用生花妙笔，将华夏文化之精华浓缩在了自己的这部百科全书式的、举世无双的杰作中，每一个读者都能够从中找到自己喜欢的东西。诚如清末评红大家王希廉所说：

> 一部书中，翰墨则诗词歌赋，制艺尺牍，爰书戏曲，以及对联匾额，酒令灯谜，说书笑话，无不精善；技艺则琴棋书画，医卜星相，及匠作构造，栽种花果，畜养禽鸟，针黹烹调，巨细无遗。

且不说《红楼梦》中对服饰、烹饪的描写就足以令人瞠目结舌，借惜春彩绘大观园传达的绘画美学观，和借黛玉之口表述的诗词美学观，同样令人倾倒。脂砚斋甚至说，曹雪芹是在借《红楼梦》传授诗法。在小说中，作者为配合环境描写和人物刻画，按今本粗略统计，共创作诗 101 首（包括联句诗和谜语诗），词 28 首，歌曲 10 首，赋 3 篇，对联 31 副。作者不但通过情景交融的艺术描写，向后人示范了应当如何写诗，更重要的是，他用深深根植于炎黄子孙精神世界中的这种文化基因——诗词曲赋——在丰富小说艺术魅力的同时，直接宣示了《红楼梦》的主题思想。

我们知道，小说中的诗词是为丰富故事情节、刻画人物形象服务的，脱离了人物和情节，大部分诗词会无法解读。但《红楼梦》中也有不少诗词是可以抽出来，当作独立的篇章欣赏的，比如其中的咏物诗《菊花诗》，脍炙人口的《葬花吟》，咏史诗《姽婳词》等。不过这类诗词与主题思想没有太多的关联，唯独《好了歌》和《好了歌注》另当别论。两首作品出现在第一回，应当看作是全书的“主题歌”。

好了歌

世人都晓神仙好，惟有功名忘不了！

古今将相在何方？荒冢一堆草没了。

世人都晓神仙好，只有金银忘不了！
终朝只恨聚无多，及到多时眼闭了。

世人都晓神仙好，只有姣妻忘不了！
君生日日说恩情，君死又随人去了。

世人都晓神仙好，只有儿孙忘不了！
痴心父母古来多，孝顺儿孙谁见了？

好了歌注

陋室空堂，当年笏满床，衰草枯杨，曾为歌舞场。蛛丝儿结满雕梁，绿纱今又糊在蓬窗上。说什么脂正浓，粉正香，如何两鬓又成霜？昨日黄土陇头送白骨，今宵红灯帐底卧鸳鸯。金满箱，银满箱，展眼乞丐人皆谤。正叹他人命不长，那知自己归来丧！训有方，保不定日后作强梁。择膏粱，谁承望流落在烟花巷！因嫌纱帽小，致使锁枷杠；昨怜破袄寒，今嫌紫蟒长。乱烘烘你方唱罢我登场，反认他乡是故乡。甚荒唐，到头来都是为他人作嫁衣裳！

喜欢《红楼梦》的读者，两首歌儿乎都能背出来。

不言而喻，这是作者对自己创作意图的高度概括，也是对小说中主要人物悲剧命运之因由的归纳。进一步说，如果把它当作曹雪芹有感于自己家族和个人命运天翻地覆的变化而做出的对历史、人生的哲学式的认知，也非常恰当。

曹雪芹，这位伟大的现实主义作家，通过《红楼梦》，向世人阐述了什么样的历史观和人生观呢？换言之，他对世界的真相是如何认识的呢？他告诉人们——

无论高官显贵曾经多么荣耀辉煌，历史的飓风终将会把他们光彩夺目、灯红酒绿的歌舞场一扫而光。

哪怕你涂脂抹粉，打扮的貌若天仙，终究是空欢喜一场。

有的人昨天还哭泣悲伤，刚从送葬的墓地回来，晚上却又欢欢喜喜地钻进了鸳鸯帐。

有的人财大气粗，不可一世，可一眨眼却成了人人唾弃的乞丐；有的人刚才还在叹惜别人短命，没想到一转身自己会呜呼哀哉。

有的人炫耀自己家教有方，谁敢说他的子孙不会沦落为江洋大盗。

年轻的姑娘本来盼望嫁个资产亿万的好儿郎，不成想却成了青楼卖身的烟花女。

做了官的还想青云直上，结果身陷牢笼，链锁锒铛。

昨天还贫困潦倒，破衣烂衫，一旦身居高位，身上

的紫袍不是嫌短就是嫌长……

说穿了，这人世间有如大舞台，从来是走马灯似地轮番上场。自己本来是红尘中的匆匆过客，却偏偏把这里当作家乡。荒唐啊真荒唐！哪个人不是辛辛苦苦白忙，终生在为他人做嫁衣裳！

这世界为什么会如此荒唐？因为放不下功名利禄，放不下金银财宝，放不下娇妻美妾，放不下后辈儿孙。痴愚的世俗中人，一辈子活在颠倒妄想中，虽然也想做逍遥快活的“神仙”，可就是摆不脱以假当真、痴迷错乱、自欺欺人的愚妄，这不就是“假作真时真亦假，无为有处有还无”吗？

第五回的《红楼梦十二支曲·飞鸟各投林》把这一主题思想进一步予以发挥：

> 为官的，家业凋零；富贵的，金银散尽；有恩的，死里逃生；无情的，分明报应；欠命的，命已还；欠泪的，泪已尽。冤冤相报实非轻，分离聚合皆前定。欲知命短问前生，老来富贵也真侥幸。看破的，遁入空门；痴迷的，枉送了性命。好一似食尽鸟投林，落了片白茫茫大地真干净！

《好了歌注》和《飞鸟各投林》不但说明作者完成

了由“色空观”向人生、历史的“悲剧观”的主题转换，同时是在向世人宣告：生死相恋也罢，功名富贵也罢，兴衰轮回，荣辱更替，命运无常，祸福相依，这样的悲喜剧不仅四大家族在上演，大清王朝在上演，任何时代、任何国度都在上演。古今中外，概莫能外！与其非要将歌曲中的每一句落实到小说中的某个人头上，真不如放宽眼界，环顾一下人间万象，方不负曹雪芹的一片苦心。

鲁迅在谈到《红楼梦》时说：“一部红楼梦，经学家看见《易》，道学家看见淫，才子看见缠绵，革命家看见排满，流言家看见宫闱秘事。”李泽厚在《美的历程》中说：

> 总之，无论是爱情主题说、政治小说说、色空观念说，都似乎没有很好地把握住上述具有深刻根基的感伤主义思潮在《红楼梦》里的升华。其实，正是这种思潮使《红楼梦》带有异彩。笼罩在宝黛爱情的欢乐、元妃省亲的豪华、暗示政治变故带来巨大惨痛之上的，不正是那轻烟如梦幻、时而又如急管繁弦似的沉重哀伤和喟叹么？因之，千言万语，却仍然是鲁迅几句话比较精粹：“颓运方至，变故渐多；宝玉在繁华丰厚中，且亦屡与‘无常’觌面……

悲凉之雾，遍被华林；然呼吸而领会之者，独宝玉而已。”这不正是上述人生空幻么？……《红楼梦》终于成了百读不厌的封建末世的百科全书。“极摹人情世态之歧，备写悲欢离合之致”，到这里达到了一个经历了正反合总体全程的最高度。

客观地说，《红楼梦》既然是一部百科全书，好之者便可以各取所需，有作出不同解释的自由。倘若只因为执拗于自己的观点，只取曹雪芹创作本意的某一方面，用某种定式思维框死小说的多元化的审美意趣，甚至将不同意见上升为意识形态的斗争，那就未免有失学术争鸣的雅量了。

第八章　咏红诗选析

曹雪芹逝世七八年后，随着《红楼梦》各种传抄本的流行，以诗歌形式评议这部小说的红迷们雨后春笋般地冒了出来，作者良莠不齐，内容无所不有。治红者将这批人统称为“题咏派”。到了1791年，由于程伟元和高鹗续写的一百二十回本刊行面世，从而结束了《红楼梦》的传抄时代，不同版本的印行也随即普及开来，谈论、题咏《红楼梦》一时间成了文人圈子里的一种时尚。民间竟至用“开谈不说红楼梦，读尽诗书也枉然”[1]来描述这部小说的风靡景象。当时，能否谈红评红，几乎成了衡量一个读书人是不是饱学之士的标杆。

本章从庞杂的历代咏红诗中，精选有代表性且比较好的予以简明扼要的介绍，读者由此可窥斑见豹，并可以从中了解这些诗词提供的一些与曹雪芹和《红楼梦》相关的有价值的资料。

一、永忠咏红三绝

因墨香得观《红楼梦》小说吊雪芹

传神文笔足千秋，不是情人不泪流。
可恨同时不相识，几回掩卷哭曹侯！

颦颦宝玉两情痴，儿女闺房笑语私。
三寸柔毫能写尽，欲呼才鬼一中之[2]。

都来眼底复心头，辛苦才人用意搜。
混沌一时七窍凿[3]，争教天不赋穷愁！

这三首绝句作于乾隆三十三年（1768），即曹雪芹去世的第四年。在早期以诗评红的诸家中，永忠的这三首诗是写得比较好的。

永忠（1735—1793），爱新觉罗氏，字良辅、敬轩，号臞仙、蕖仙，康熙十四子胤禵孙，弘明子，有诗文集《延芬室集》传世。

墨香名额尔赫宜，是敦敏、敦诚的叔父。他是乾隆的侍卫，后升为侍卫长。永忠与敦氏兄弟很熟，他从墨香那里读到的《红楼梦》上，有其堂叔弘旿的手批：

此三章诗极妙！第《红楼梦》非传世小说，余闻之久矣，而终不欲一见，恐其中有碍语也。

由此可见，曹雪芹晚年，《红楼梦》已经在统治集团中秘密传播开来，不少人在偷偷看，而弘旿怕书中有“碍语”——涉及权贵的隐私和机密，所以想看又不敢。

弘旿是康熙二十四子胤祕的次子，字醉迂，号瑶华道人。他是乾隆的堂兄弟，也是其身边宠臣，封奉恩将军；善绘画，曾师事宫廷画师董邦达。这条批语是在给自己打掩护，他实际上可能已经偷偷看过《红楼梦》。如果不知道小说的内容，赞叹“此三章诗极妙”从何说起呢？但因其身份特殊，因而诚惶诚恐，唯恐落下什么把柄，招致杀身之祸，所以写下这条批语自欺欺人。

永忠是年轻人，地位也不像弘旿那样显赫，他不但看了，而且写诗对小说大加赞赏。三首诗写得情真意切，颇为感人，这主要与他自身的际遇有关。

首先，永忠敏锐地预感到，《红楼梦》是一部才华斐然、文笔传神的不世杰作，必将名垂史册。“几回掩卷哭曹侯”说明他对曹雪芹坎坷落魄的苦难身世比较了解，因此在展读小说时，情不自禁也想到了自己悲惨多舛的身世，从而产生了强烈的共鸣，禁不住掩卷痛哭。说是

“哭曹侯”，其实也是在哭自己。虽然他与小说的作者是同时代人，却互不“相识”，但只要是有情人，谁看了这样的血泪之作能“不泪流”呢！

《红楼梦》为什么会对永忠产生如此强烈的情感冲击呢？因为他从小说中仿佛看到了自家的遭遇。

永忠的祖父胤禵在诸皇子中，最受康熙信赖，曾任抚远大将军，主持西北军务。康熙晚年，太子胤礽被废，朝臣以为继位人非胤禵莫属，可是没有想到后来败给了胤禛雍正，遭其软禁。这位曾经军权在握的统帅，晚年唯佛是信，而且还给几个儿子每人一套棕衣、僧帽，示意他们远离政治，保全性命。永忠因此一生以诗酒书画、参禅礼佛为事，并自号栟榈道人、如幻居士。所以，当他读到这部禁书后，书中对大家族之败落、主人公结局之悲惨的描写，自然会让他产生共鸣。

第二首诗是有感于宝黛刻骨铭心之恋情的传神描写，表达诗人的惊呼赞叹。他说，看了宝黛的痴情，恨不得把已经作古的曹雪芹唤醒，一同开怀畅饮，喝个痛快。

第三首诗是对曹雪芹写出这样一部杰作的由衷感激，认为这是一件功德无量、造福后世的善举。永忠说：这位“才人”辛辛苦苦把人间万象搜集到他的传奇中来，把人生的悲欢离合活灵活现地再现于人们的“眼底心头”。他开凿了混沌众生的愚顽，使人们茅塞顿开，看清了人世的真相，从而变得聪明起来。可是这样一来，“聪明反被聪明误”——天下民众就要像小说中的男男女女那样，受尽恩怨情仇、贪嗔爱痴之苦。作者因蔑视名利，终生穷困潦倒，也是必然的了。

【注释】

〔1〕“开谈”二句：全诗最早见于清朝得舆《京都竹枝词》：“做阔全凭鸦片烟，何妨作鬼且神仙。开谈不说红楼梦，读尽诗书是枉然。”虽是调侃，亦可见《红楼梦》在当时的影响。

〔2〕才鬼：指鬼才李贺，在此比喻曹雪芹。一中之：意谓一醉方休。“中”指喝醉酒，语本《汉书·樊哙传》“军士中酒”等典籍。

〔3〕“混沌”句：典出《庄子·应帝王》。《庄子》原文作“浑沌”。寓言略言：中央之帝浑沌善待南海之帝和北海之帝，二帝欲报答浑沌，便为之开七窍，一天开一窍，七天窍开，浑沌亦死。这里反其意而用之。

二、明义吊雪芹

明义的咏红诗，写作时间还要晚一些，大约是在雪芹死后七至十年间。这组诗艺术水平虽然不高，但小序释放出来的信息价值远远超过组诗本身。不过有几首诗写到的一些情节却不见于现存的各种版本，人们于是猜测，这可能是出现在《石头记》初稿或另一传抄本中的情节。

明义，姓富察，字我斋，镶黄旗人，都统傅清子，明仁（益庵）弟，与敦敏、敦诚为同代人，彼此多有来往。养石轩的主人明琳是其堂兄。敦敏就是因为听见曹雪芹在养石轩高谈阔论，才写下《题曹雪芹》一诗。可见，他们彼此都认识。

明义著有《绿烟琐窗集》，这二十首《题红楼梦》组诗即收于此诗文集中。其诗序云：

> 曹子雪芹出所撰《红楼梦》一部，备记风月繁华之盛。盖其先人为江宁织府，其所谓大观园者，即今之随园故址[1]。惜其书未传，世鲜知者，余见其钞本焉。

序文披露了三个重要的信息：

（一）《红楼梦》写的是曹雪芹的家事，书中描写的"风月繁华"盛况，是当年"其先人为江宁织府"时的真实景象之再现。这就否定了索隐派所谓写明珠家事或和珅家事的臆测，说明小说是对现实生活的艺术再现，而不是凭空捏造。

（二）大观园是以袁枚的随园故址为原型的艺术化的再创作。明义在乾隆六十年（1795）作《和随园自寿诗韵十首》，其一云："随园旧址即红楼，粉腻脂香梦未休。

定有禽鱼知主客，岂无花木记春秋。西园雅集传名士，南国新词咏莫愁。艳杀秦淮三月水，几时衫履得陪游。”这说明他对大观园脱胎于随园故址深信不疑。

（三）大约在乾隆四十六年，即 1781 年，明义见到的《红楼梦》依然是抄本。也就是说，程伟元和高鹗的刊印本还没有问世。明义见到的可能是前八十回的定稿本和后二十回的残稿本。

明义的这组诗，大多是题咏情节描写或人物形象的，而且不是按顺序一路写下来的。体味他这组诗，可以看出来，他曾多次赏读《红楼梦》。每读一次，一有灵感，当即付诸笔墨，因此无法与小说的情节顺序相契合。诗中写到的细节，与小说颇有出入，对此我们现在已经无法逐一考较，只能对其中与红学和曹学有参考价值的予以简略诠释。

题《红楼梦》

佳园结构类天成，快绿怡红别样名。
长槛曲栏随处有，春风秋月总关情。

——总写大观园。赞美大观园浑然天成，园中的风景处处关系着主人公们的“情”。

怡红院里斗娇娥，娣娣姨姨笑语和。
天气不寒还不暖，瞳眬日影入帘多。

——写怡红院里的日常生活。“娣娣姨姨”泛指女性，这里指丫头。瞳昽：天将亮的样子。事在第二十五回。书中写道：

（宝玉）闷闷的早起来，也不梳洗，只坐着出神。一时下了窗子，隔着纱屉子，向外看得真切，只见好几个丫头在那里扫地，都擦胭抹粉，簪花插柳的……

潇湘别院晚沉沉，闻道多情复病心。

悄向花阴寻侍女，问他曾否泪沾襟？

——写宝玉去潇湘馆探望黛玉。黛玉的多愁善感、身体病弱，贾宝玉的体贴、关心，是书中出现最多的情节，并非单指哪一回。在现今所见的各种版本的《红楼梦》中，并没有“悄向花阴寻侍女”这样的细节，由此可以看出雪芹对小说的改动。

追随小蝶过墙来，忽见丛花无数开。

尽力一头还两把，扇纨遗却在苍苔。

——这一首写“宝钗扑蝶”，见第二十七回。诗谓“扇纨”，书中是折扇；诗谓“小蝶”，书中是“一双玉色蝴蝶，大如团扇”；诗说“过墙”，扇子“遗却在苍苔”，今存各本都没有这样的情节。这样的出入，不能简单地理解成是明义的想象，因为这样的细节是实指，而不是泛言。可以推测，明义见到的有可能是早期的另一个抄本。

侍儿枉自费疑猜，泪未全收笑又开。

三尺玉罗为手帕，无端掷去复抛来。

——这是对第二十九和三十回宝黛呕气口角情节的诗意化，意趣远逊小说。小说中只是说黛玉用手帕拭完泪后，又递给了宝玉，并没有“掷去复抛来”这样的情节。

晚归薄醉帽颜欹，错认猧儿唤玉狸。

忽向内房闻语笑，强来灯下一回嬉。

——黛玉为醉酒的宝玉扶正帽子的事，出现在今本第八回，而宝玉因酒醉错将晴雯当作袭人是在第三十一回。书中写宝玉屋里的丫头们打情骂俏、争风吃醋，宝玉跟着凑热闹。“帽颜”疑为“帽檐”误写。至于“猧儿”和“玉狸”是丫鬟的名字，还是指宠物，因书中没有这样的情节，无法确定。

红楼春梦好模糊，不记金钗正幅图。

往事风流真一瞬，题诗赢得静工夫。

——概述第五回宝玉在秦可卿卧房中度过的“春

梦”。意思是说，当时“初试云雨情”一事，如今只能模模糊糊记起来，而十二钗的正副册那么重要的图文却都给忘了。往日的风流快活成了过眼烟云，给他换来的徒然是吟诗怀旧的闲暇而已。

帘栊悄悄控金钩，不识多人何处游。

留得小红独坐在，笑教开镜与梳头。

——咏第二十回宝玉为麝月梳头事。这里将麝月错记成了小红。

红罗绣缬束纤腰，一夜春眠魂梦娇。

晓起自惊还自笑，被他偷换绿云绡。

——写宝玉趁袭人熟睡之际偷换系腰汗巾事。但诗中所咏与小说细节出入之处甚多。此处不予赘述。

入户愁惊座上人，悄来阶下慢逡巡。

分明窗纸两珰影，笑语纷絮听不真。

——小说第五十四回写元宵夜宝玉回院，从外窥见鸳鸯和袭人歪在炕上谈给父母送终事，但因外面正在演戏，笑语喧哗，所以听不分明。诗当概述此事。

可奈金残玉正愁，泪痕无尽笑何由。

忽然妙想传奇语，博得多情一转眸。

——诗写第四十三回宝玉到水仙庵祭奠跳井自尽的金钏，茗烟插科打诨事。

小叶荷羹玉手将，诒他无味要他尝。
碗边误落唇红印，便觉新添异样香。

——写第三十五回宝玉哄玉钏尝莲叶羹。小说中并没有后两句诗中所说的“碗边误落唇红印”之类的细节。

拔取金钗当酒筹，大家今夜极绸缪。
醉倚公子怀中睡，明日相看笑不休。

——写第六十三回“寿怡红群芳开夜宴”。

病容愈觉胜桃花，午汗潮回热转加。
犹恐意中人看出，慰言今日较差些。

——第一句所咏见今本第三十四回；第二句写的情景在第三十五回。后二句写黛玉卧病，宝玉探访的情节，在书中多次出现。

威仪棣棣若山河，还把风流夺绮罗。
不似小家拘束态，笑时偏少默时多。

——明义这首诗写的是王熙凤。袁枚在《随园诗话》中引录这一首和上一首时说：“当时红楼中有女校书（按：指妓女）某尤艳。”此系袁子才信口开河，故郭沫若写诗讥之：

随园蔓草费爬梳，误把仙姬作校书。

醉眼看朱方成碧，此翁毕竟太糊涂。

生小金闺性自娇，可堪磨折几多宵？

芙蓉吹断秋风狠，新诔空成何处招？

——此诗前二句咏香菱，后二句咏晴雯。晴雯死后，宝玉曾作《芙蓉女儿诔》祭悼。同样设问，却没有下文，当属未竟之作。

锦衣公子茁兰芽，红粉佳人未破瓜。

少小不妨同室榻，梦魂多个帐儿纱。

——此诗的诗主是谁，是黛玉，还是晴雯？如是黛玉，则事在第三回同卧碧纱橱；如是晴雯，则事在第五十一回宝玉拉晴雯同睡，为她焐冻凉的身子。“兰芽”比喻秀美茁壮的少男少女，这里显然是指宝玉；“破瓜”是指破身。体味诗意，作者是有感于宝玉对大观园中的所有女子一律平等相待，特别是与黛玉和晴雯，始终保持着纯洁无瑕的亲密关系。正如脂砚斋所说，宝玉虽然在“凡女子前不论贵贱，皆亲密之至”，决非“猎色贼……不涉于恶，亦不涉于淫”，不生不轨之心，不萌苟且之念。所以，如果非要将诗中的女子坐实到哪个人身上，反而自相抵牾，框死了此诗的意趣。

伤心一首葬花词，似谶成真自不知。

安得返魂香一缕，起卿沉痼续红丝？

——黛玉葬花是在第二十七回。她的《葬花辞》仿佛是自制的“谶语”，预示着必将因抑郁痴迷而早逝。关于黛玉之死，脂批曾多次提到。后两句是明义自己的主观想象。他说，倘若人间能有返魂香，让黛玉起死回生，不就可以和宝玉重“续红丝”，喜结良缘了吗？如若理解成曹雪芹亦有此意，那就大谬特谬矣！

莫问金姻与玉缘，聚如春梦散如烟。

石归山下无灵气，总使能言亦枉然。

——曹雪芹前八十回尚未写到“金玉良缘”的结局，故曰“莫问”，但明义知道结局是个悲剧——“聚如春梦散如烟”。从他与敦氏昆仲的关系看，可能听说过原著后半部的梗概；要么就是他根据曲演红楼梦十二支词作出的推测。后两句是否表示明义知道曹雪芹在《石头记》的后半部中，又回到了开篇时青埂峰的那块顽石上？按照作文章法，似乎有此可能。“无灵气”是指顽石经历过一番红尘梦幻之后，回归本性。既然知道自己“生于末世运偏消”，却推演出这样一部洋洋洒洒的红楼大梦，岂不是枉费心机？

“石能言”既指宝玉，兼用典，借左丘明《左传·

昭公八年》“石言于晋魏榆”的典故说事。“石能言”的典故说的是晋国贵族阶层穷奢极欲，致使民怨沸腾，连石头都忍不住替百姓喊冤了。可见，明义已经觉察到了《红楼梦》是一部批评时政之作。

馔玉炊金未几春，王孙瘦损骨嶙峋。

青娥红粉归何处？惭愧当年石季伦。

——首写瞬间荣华，次写家败后之宝玉，然而那副“骨嶙峋”的样子更像是曹雪芹。后一句用晋代石崇因穷奢极欲招致杀身之祸的典故，兼有暗示贾家盛极而衰的意思。

总体来说，就诗论诗，明义的这二十首题红诗不是上乘之作，但因他与曹雪芹生前朋友圈子里的敦敏、敦诚等人交情不薄，阅读的又是《红楼梦》的原著，诗中反映的一些情节与今本不尽相同，因此应当重视。

【注释】

〔1〕随园故址：曹家被抄没后，江宁织造府归继任者随赫德。随获罪革职后，织府之地归袁枚所有，称“随园”。袁枚在《随园诗话》中说：“所谓大观园者，即余之随园也。”说大观园的原型是随园“故址”是对的，但曹雪芹对大观园的具体描写并不是简单地写实，而是小说家的艺术再创作。

三、女诗人的咏红诗选赏[1]

《红楼梦》在清代，于嘉庆、道光、同治年间曾遭三次禁毁，不仅印刷犯法，私藏、阅读也在明文禁止之列。

尽管如此，随着《红楼梦》的传播，特别是由于评红咏红成了衡量一个读书人是否够格的社会风尚，“士大夫几于家有《红楼梦》一书”[2]，致使大批文人竞相以题咏《红楼梦》自我标榜，抬高身价。自乾嘉至民末，许多名人也加入进来，如著名诗人周春、张问陶、张维屏等，有的动辄一二百首,数量十分庞大。此外还有大鼓、弹词、曲艺、戏文……如把清末民初的所有咏红韵文集中起来，恐怕几卡车也装不下。文人的咏红诗词，内容或则描述小说中的故事情节，或则歌咏人物，或则题写某一场景。歌咏书中的人物时，表达了诗人的爱憎和褒贬。有意思的是，这些咏红诗的男性作者在对林黛玉寄予同情的同时，大多对她的性格不怎么赏识；对薛宝钗则比较欣赏，亦表同情；唯独对史湘云，无一例外情有独钟，赞誉有加。

比如潘德舆[3]《红楼梦题诗》之一曰：

金钗十五大家才，花解乔妆怕蝶猜。
我爱无心云一片，落红随意上身来。

七绝所咏情景，见小说第六十二回“憨湘云醉眠芍药裀”。话说大观园中众姐妹在红香圃划拳射覆，性情豪爽的湘云酒醉，跑到假山后石凳上酣然而睡……书中写道：

众人听说，都笑道：“快别吵嚷。”说着，都走来看时，果见湘云卧于山石僻处一个石凳子上，业经香梦沉酣，四面芍药花飞了一身，满头脸衣襟上皆是红香散乱，手中的扇子在地下，也半被落花埋了，一群蜂蝶闹穰穰的围着他，又用鲛帕包了一包芍药花瓣枕着。众人看了，又是爱，又是笑，忙上来推唤挽扶。湘云口内犹作睡语说酒令……

这是一个很美的场景，对刻画史湘云的形象起到了“典型环境中的典型性格”的作用。题诗作者的要义在第三句“我爱无心云一片”。“云”是在影射湘云，“无心”突出了她的爽朗憨直，“我爱”毫不隐讳作者对史湘云的倾慕。

女诗人们的审美意趣与男性迥然不同，她们更在意情感世界的幽微奥妙，以及情天爱海的悲欢离合，“以细敏的心思与审美的眼光缔造出迥异于传统文士的闺阁红学”[4]。正是在《红楼梦》里，她们似乎惊喜地找到了寄托自己情感的炼狱。清人陈其元[5]《庸闲斋笔记》谈到小说被禁的原因时说：“淫书以《红楼梦》为最，盖描摹痴男女情性，其字面绝不露一淫字，令人目想神游，而意为之移，所谓大盗不操干戈也！”然而无论道学家们怎样诋毁《红楼梦》，都扼杀不了女读者们对小说的迷恋。陈其元记录了这样一件趣事：

> 余弱冠时，读书杭州，闻有某贾人女，明艳工诗，以酷嗜《红楼梦》故，致成瘵疾，当绵惙时，父母以是书贻祸，取投之火，女在床，乃大哭曰：“奈何烧杀我宝玉！”遂死。杭人传以为笑。

也许是因为这类悲剧时有发生，所以《红楼梦》被道学家们加上“诲淫”的罪名，大加挞伐。就这一点来说，女子作诗咏红，无视“正人君子”们的诋毁，本身就令人刮目相看。只可惜有关女诗人的咏红诗，由于传统习俗的偏见，作品保存下来的数量有限，部分作者的生平事迹阙如，今天只能略窥一斑了。

1. 宋鸣琼——也是一个痴情人

较早的咏红女诗人是乾嘉之际的宋鸣琼。她是江西奉新人，其弟为乾隆年间的进士。鸣琼出身于一个文化氛围深厚的家庭。其诗与其弟诗一同刊行，她的《题红楼梦》四首才得以保存。这里选其中两首赏析。第一首写林黛玉，诗曰：

好梦惊回恶梦圆，个中包括大情天。
罡风不顾痴儿女，吹向空花水月边。

首句暗示黛死钗嫁令人遗憾的结局。女诗人在指出这是命中注定的同时，指责上天无情，对情痴的儿女毫无怜悯之心，也反映了她自己爱情至上的思想。最有情致的是第四首：

幻境空空托幻身，傍徨无计渡迷津。
断除只有鸳鸯剑，万缕千丝索解人。

诗人首先为有情人来到这个梦幻般的世界上，沉溺情海，迷津难渡，感到困惑莫解，“傍徨无计”。她虽然说，只有挥剑斩断情丝，方可得以解脱，但她还是心有不甘，希望有真正明白“情为何物”的“解人”能为她说清楚个中因由。

看来，这也是一个痴情人，也曾深陷情海而不能自拔。

2. 张问端——曹雪芹的红颜知己

张问端，四川遂宁人。其堂弟是有清一代成就卓著的大诗人张问陶，其夫丁耦仙官居知州，其女丁采芝亦能诗。她还是《红楼梦》后四十回的作者高鹗的嫂子。问端有《和次女采芝〈阅红楼梦偶作〉韵》。由诗题可知，女儿有《阅红楼梦偶作》，母亲依韵唱和。看来母女二人都是红迷，可惜其女的原作今天已经看不到了。其诗曰：

奇才有意惜风流，真假分明笔自由。
色界原空终有尽，情魔不著本无愁。
良缘仍照钗分股，妙谛应教石点头。
梦短梦长浑是梦，几人如此读红楼？

这首七律把《红楼梦》和曹雪芹结合起来予以评述。女诗人认为，由于曹雪芹对风流男女有着深刻的理解与同情，对善恶美丑爱憎分明，所以在他才华横溢的笔下，《红楼梦》的笔墨显得那么如诗如画，潇洒自由。“色界”是佛教语，佛教将宇宙分为三界：欲界、色界、无

色界。色界为天仙所居——在这里是指投胎转世之前，“游于离恨天外”的绛珠仙子和神瑛侍者。女诗人说，色界本空，由色界继续修行，原可彻底脱离轮回之苦，无奈色界天人仍有“情魔”未断，所以还要像大观园中的那些痴男怨女一样，受“依旧是风尘肮脏违心愿”之苦。“色界原空终有尽，情魔不著本无愁”堪称绝唱。看来张问端也是个深明佛理之人，因此她看出了曹雪芹的良苦用心，所以她能紧接着用颈联点明：小说作者让“金玉良缘”的主人公遭受生离死别的悲剧，这样精妙绝伦的真谛，一定会让青埂峰下的那块顽石“点头”认可。

结尾，女诗人从《红楼梦》的“梦”字拓展开来，点破人生如梦，无论“梦短梦长”，终归是一梦。末句意味深长，诗人感慨万端地诘问：普天之下，这样读《红楼梦》的，能有几人？

问端女士堪称曹雪芹之红颜知己矣！

3. 周绮——佳句可圈可点

道光年间，周绮的咏红组诗《题红楼梦十首》也不同凡响。这与她特殊的生活环境有关。她是大名鼎鼎的“红痴”王希廉的夫人。希廉字雪芗、雪香，号护花主人。他与姚燮（大某山民）、张新之（太平闲人）合评的《增评补图石头记》，可谓评点《红楼梦》之集大成本，对小说的宣传、印行起到极大的推动作用。

周绮字绿君，号紫兰主人，时人称她“工韵语，解音律，能篆刻，兼习山水、花鸟……又精医术，事母甚孝”，文化素养相当深厚，与其夫珠联璧合，夫唱妇随，咏红之作自然出手不凡。

王希廉刊印《增评补图石头记》时，把她的十首咏红诗与题序也加了进来。周绮自拟序文曰：

余偶沾微恙，寂处小楼，苦无消遣计，适案头有王雪香夫子所评《石头记》在。略翻数卷，不禁诧异。盖将人情世态，尽寓于粉踪脂痕，较诸《水浒》《西厢》等书，尤为痛快绝倒。使雪芹有知，当亦引为同心也。然个中情事，淋漓尽致者固多，而未尽然者，亦复不少。戏拟十律，再广其意。然画蛇添足，而亦未尝以假失真。诗甫脱稿，神倦肠枯，假寐间，见一古衣冠者，揖余而言曰：“子，一女子也，弄月吟风，已乖母教，而况更作《石头记》诗乎？岂不惧吾辈贻讥哉！”余应之曰：“君之言诚是。然乐而不淫，哀而不伤，为国风之始。如必以此诗为瓜李之嫌，较之言具彬彬而行仍昧昧者，奚啻相悬天壤耶？”言未竟，人忽不见。余梦亦醒，但闻桂香入幕，梧叶飘风，楼头澹月，撩人眉黛而已。

这真是一篇妙文。这位才女知道冬烘先生们肯定要非难她的咏红之作，于是搬出孔夫子选删《诗经》来为自己寻安身立命之地，见识委实不凡。那么，她的诗有何可圈可点之处呢？我们姑且选其二首赏析。

黛玉焚诗

不辨啼痕与墨痕，无情火断有情根。
者宵果应灯花谶，他日空怜蜀鸟魂。
慧业已随人遁世，痴鬟休为竹开门。
鸭炉兽炭寒如水，剩得心头一缕温。

晴雯死领芙蓉神

一现优昙命太轻，临题那得不怜卿。
便填痴诔难偿恨，真做花神始称名。
素愿何尝形色笑，平生转为误聪明。
从来此事销魂最，已断尘缘未断情。

第一首写黛玉焚诗。故事情节见第九十七回“林黛玉焚稿断痴情”。不管如何评价高鹗的续书，但黛玉焚诗的悲剧力量却一直震撼、感动着读者。首联“不辨啼痕与墨痕，无情火断有情根”，民初红迷吴克岐赞许说：“不得谓非名句也。”

颔联是说，以往的不祥之兆，今夜已然应验；来年唯有悲悯杜鹃思归的迷魂了。“者宵”即今夜的意思，犹言“这一夜”。“灯花谶”的出处在第二十二回。书中写道，元春省亲，合家喜庆，贾母、贾政召集大观园上下人等，一起制作灯谜。贾母领头，制灯谜曰：

猴子身轻站树梢

——打一果名

谜底是荔枝。“荔枝”与“离枝”谐音，脂批说此谜的寓意是在暗示“树倒猢狲散”，暗示贾家最后家败人亡的结局。

颈联意谓生前的聪明才智终归要随着人死而寂灭；痴心的紫鹃，你也不必再为我开门了。“慧业”是佛教语，指与生俱来的智慧；“竹”借指黛玉，因她住的潇湘馆多竹。

尾联意韵婉致，耐人寻味——焚烧诗稿的炉灰纵然已冷，但心头的那一缕对爱人恋恋不舍的温情绵绵不绝，无法泯灭。读之令人鼻酸。

第二首写晴雯抱恨夭亡。前两联站在贾宝玉的角度，以无比的哀怜怀念她，说她犹如昙花一现，怎不令人痛心，即便撰写《芙蓉女儿诔》祭悼她，岂能弥补她的无穷遗恨！倘若她真的做了花神，也不枉我的一片苦心了。

颈联概括了晴雯的性格特点，指出她之所以正值含苞待放之际，却祸从天降，是因为吃了聪明伶俐、心高气傲的亏，应了“金陵十二钗副册”判词的预言：“霁月难逢，彩云易散。心比天高，身为下贱。风流灵巧招人怨。寿夭多因毁谤生，多情公子空牵念。”

末联力透纸背，可圈可点。“从来此事销魂最，已断尘缘未断情”——唯此“情”字，最难了断。晴雯是个真正的情种，如今虽然玉殒香消，尘缘已了，但一缕芳魂，依旧在情天恨海缭绕。

当时，周绮的师长蒋伯生看了她的这组题红诗后说：“以香艳缠绵之笔，作销魂动魄之言。别开生面，唤醒人情。士林中皆当敛手，况出之闺阁中耶！想红楼仕女，定亦相顾惊奇。”她的丈夫也说：“以《红楼梦》之实事，作诗中之三昧。故能胸中了了，笔下超超。读此诗而人情可悟，读此诗而私欲潜消。”虽然皆为溢美之词，但不可否认，周绮的诗确有过人之处。

4. 沈善宝——终生情缘系红楼

沈善宝（1808—1862），字湘佩，钱塘（今浙江杭州）人，江西义宁州判学琳女，咸丰时吏部郎中武凌云继室。沈氏幼秉家学，工于诗词，著述甚丰，有诗集《鸿雪楼诗选初集》。她一生游历大江南北，广交各方才媛，其中有出身满洲贵族的才女顾太清等。善宝钟情《红楼梦》，屡有题咏。她因编撰《名媛诗话》，奠定了在晚清文坛上的女领袖地位。

善宝的第一首咏红诗作于19岁，其诗云：

题葬花图

自怜清瘦不禁春，强起携锄病后身。
燕子不来红满地，葬花人是散花人。

30岁时，善宝再次以同题歌咏黛玉葬花云：

千红万紫满园林，转瞬飘零感不禁。
收拾残香归净土，惜花心较葬花深。

七年后，她再作组诗《观杂剧取其对偶者各成一绝》。作者选取了12个可对仗的杂剧曲名，写下24首诗。第九首为《葬花》：

何处红楼问大观，名花原当美人看。
埋香不接眠香梦，辜负春风芍药阑。

前二首重在写黛玉葬花的场景和心理活动，此诗则借戏曲的名目“黛玉葬花”与“湘云眠石”对举成联，手法新颖，但不露痕迹。

到了晚年，善宝与《红楼梦》的缘分又深了一层。她的女友顾太清撰写《红楼梦影》，她不但为之作序，更有促成之功。《红楼梦影》直至光绪三年（1877）太清去世那年才付梓。若无湘佩督促，今天我们恐怕就看不到这部续写《红楼梦》的长篇小说了。

5. 徐畹兰——林黛玉的闺蜜

随着《红楼梦》的广泛传播，借宝黛悲剧抒发自己的身世之感，寄托自己的痴迷情怀的女诗人逐渐多了起来，有的甚至组成诗社，题红咏红成了她们生活中的重要内容。同治年间刊刻的西园主人《红楼梦本事诗》收录王素琴、谢桐仙、莫惟贤、姜云裳、王猗琴、胡寿萱六位女性的《红楼梦题词》22首。吴克岐《忏玉楼丛书提要》曰：

> 考解盦居士《石头丛话》，有祥符家西园大令林元配王友兰夫人猗琴、继配莫惟贤夫人孟徽等语，知主人与居士同姓，名林，祥符人，官知县，而王、莫二女史皆其妻也。

由此可知，六位女子中，王友兰（字猗琴）与莫惟贤（字孟徽）为西园主人的原配与续弦。王素琴为王猗琴之妹。这个由女性组成的评红团体中，至少九人有作品，在当时实为女界文坛的一大盛事。

此外，还有诗人扈斯哈里氏、金逸、范淑、王璋等，词人熊琏、孙荪意、吴藻等。她们的诗词，总的来说，笔力平庸，意境不高。唯有徐畹兰当属个中翘楚，值得欣赏。

徐畹兰，清末民初人，字曼仙，祖籍浙江德清，著有《鬘华室诗选》《红楼叶戏谱》。她的生平事迹，同时代人偶有所及，但十分简略。女友胡士兰有诗写到过她，透露了有关她的一些身世境况。胡诗云："柏舟早赋正华年，六载匆匆怅短缘。薄命红颜原有例，从来福慧不双全。""柏舟"语出《诗经》，后来成了寡居的代名词。由此可知，这位才女婚后六年即守寡。

徐畹兰有《偶书石头记后》七首。

一

情天同是谪仙人，两小无猜镇日亲。
记否碧纱橱里事，戏呼卿字作颦颦。

二

又送春归感岁华，阿侬生小恨无家。
伤心一样同飘泊，凄绝东风葬落花。

三

菊花香里快飞觞，斗韵分笺粉黛场。
试问清才谁冠首？当时独让病潇湘。

四

凉月模糊香不温，懒调鹦鹉掩重门。
窗前悔种千竿竹，赢得斑斑渍泪痕。

五

药炉茶鼎篆烟浮，风雨幽窗一味秋。

知否多情天亦妒，罚卿消瘦罚卿愁。

六

儿家因果自家知，作茧春蚕自缚丝。

了尽相思还尽泪，三生误煞是情痴。

七

梨花落尽不成春，梦里重来恐未真。

漫道玉郎真薄幸，空门遁迹为何人？

这组诗是女性诗人的题红佳作，诗笔工整，意趣深沉，摆脱了评红时相因成习的表象化的流弊，提出了自己的独到见解。

七首全写黛玉，前五首写黛玉在大观园里的生活起居及日常活动。

第一首写黛玉初进大观园，与宝玉两小无猜，同起同卧，卿卿我我的快活时光。

第二首写黛玉有感于寄人篱下，悲伤凄苦，于是借葬花抒发人不如花的感慨。

第三首赞美黛玉的诗才。众姐妹喜结海棠诗社，薛宝钗与史湘云夜拟菊花题，黛玉《咏菊》一诗独领风骚。事在第三十八回“林潇湘魁夺菊花诗”。

写到这里，女诗人突然反转过来，第四首写黛玉的

《题帕三绝》。事在第三十四回“情中情因情感妹妹，错里错以错劝哥哥”。

第五首事在第四十五回“风雨夕闷制风雨词”。黛玉以《秋窗风雨夕》的诗题写道：“秋花惨淡秋草黄，耿耿秋灯秋夜长……”徐畹兰对黛玉心灵深处的凄苦感同身受，她仿佛是在软语劝黛玉：“知否多情天亦妒，罚卿消瘦罚卿愁。”

最后二首表达了诗人对黛玉爱情悲剧之因果缘由的看法，同时提醒她不应该对贾宝玉心存怨恨。畹兰认为，黛玉雅洁如玉，才华出众，却一生悲凄孤苦，青春早逝，是因为她用情太深，自溺情海。但是这也不能怪她，因为这是三生因果注定的。黛玉含恨而终，觉得宝玉辜负了她的一片痴情。女诗人说：不要埋怨宝玉薄幸吧，他最后遁入空门为了谁？还不是因为你吗！

这七首绝句写得极美，低回委婉，情韵俱佳，颇具晚唐诗人意蕴。

6. 其他女诗人咏红诗词选录

扈斯哈里氏——

观红楼梦有感（五首选二）

其一

真假何须辨论详，斯言渺渺又茫茫。

繁华好是云频幻，富贵无非梦一场。

仙草多情成怨女，石头有幸作才郎。
红楼未卜今何处，荒址寒烟怅夕阳。

其五

是是非非地，空空色色天。
红楼如一梦，警世悟禅缘。

阅《葬花词》有感

春尽枝头泣老莺，葬花人自具深情。
身衣细葛含风软，袖舞香罗叠雪轻。
柳绿桃红空色相，茵飘溷坠判枯荣。
无穷心事时怜汝，肯许芳尘压落英！

〔按〕扈斯哈里氏，满族，惠式堂观察某妻，著有《江西宦游纪事》二卷、《闺训十二则》，道光二十八年（1848）生，诗作于咸丰十年（1860），时年12岁。诗中除对木石姻缘寄慨之外，还对富贵荣华表示了不以为然的态度。她的诗在女子题红诗中占有一定地位。

王猗琴——

读《红楼梦》传奇口占（四首选三）

贯字当头莫认真，尘缘梦境两无因。
分明一管生花笔，幻出群芳卅六人。

潇湘孤馆莫相依，竹泪当年染帝妃。
鹃婢外家亲付与，声声叫道不如归。

葬花即是葬颦卿，神祭芙蓉句改明。
谶语新诗随意写，桃花柳絮两同情。

王素琴——

读友兰姊题《红楼梦》传奇诗偶成

（四首选择二）

美人自古称林下，十二金钗第一人。
最苦伶仃携小婢，外家竟作雁来宾。

杜鹃湘馆一知心，镇日熏香侍绣衾。
叫道不如归去好，胜他鹦鹉解诗吟。

胡寿萱——

读《石头记》偶占七绝三首

黛钗国色两倾城，瑜亮原来又并生。
读到潇湘焚稿日，负心转自恨神瑛。

一窗风雨独悲秋，公子知心为解愁。
何事瞒婚来设计，高堂偏听凤丫头。

绛珠还泪日消魂，草木犹思灌溉恩。

愧煞趋炎多热客，秋风冷落故侯门。

莫惟贤——

读《红楼梦》传奇偶感

红楼一部特言情，情有可亲唤可卿。

尤物从来为祸水，名花毕竟要倾城。

湘江洒泪妃原死，杜宇思归婢借名。

寄语聪明娇女子，莫将幻境认三生。

〔按〕以上四人出处见上节“5. 徐畹兰”。

熊琏——

满庭芳·题十二金钗图

日暖花梢，香飘帘幕，十分春在红楼。传杯满酌，笑语不知愁。试问偎红倚翠，东风里、谁最温柔？都猜作，神仙谪降，笙鹤下瀛洲。赏心人已醉，阑干倚遍，一片云头。任轻翻舞袂，慢啭歌喉。谁道书中有女，终输与、金谷风流。多应是，明珠买艳，花月尽勾留。

〔按〕熊琏，字商珍，号澹仙、茹雪山人，江苏如皋人，著有《澹仙诗钞》四卷，刊于嘉庆二年（1797），颇有名气。

孙荪意——

贺新凉·题《红楼梦》传奇

情到深于此。竟甘心，为他肠断，为他身死。梦醒红楼人不见，帘影摇风惊起。漫赢得，新愁如水。知有前身因果在，愿今生、滴尽相思泪。频唤取，颦儿字。

潇湘馆外春余几。衬苔痕，残英一片，断红零紫。飘泊东风怜薄命，多少惜花心事。忍重忆，葬侬句子。归去瑶台尘境杳，又争知、此恨能消未？怕依旧，锁蛾翠。

〔按〕孙荪意，浙江仁和人，字秀芬，一字苕玉，嫁贡生高第（颖楼）。这首词句法工稳老练，感情深婉，是题红词中的佳篇。

吴藻——

乳燕飞·读《红楼梦》

欲补天何用？尽销魂，红楼深处，翠围香拥。騃女痴儿愁不醒，日日苦将情种。问谁个，是真情种？顽石有灵仙有恨，只蚕丝、烛泪三生共。勾却了，太虚梦。

喁喁语向苍苔空。似依依，玉钗头上，桐花小凤。黄土茜纱成语谶，消得美人心痛。何处吊，埋香故冢？花落花开人不见，哭春风、有泪和花恸。花不语，泪如涌。

〔按〕吴藻，字苹香，号玉岑子，著有《花帘词》《香南雪北词》各一卷（附曲），刊于道光九年（1829）。其词才气阔大，格调豪迈。陈文述为其词集作序云：“顾其豪宕，尤近苏辛。”此词一洗绮罗脂粉气，感情深沉奔放，的确是佳作。

金逸——

寒夜待竹士不归

读《红楼梦》传奇有作

轻寒酿雪逼人寒，宛转香消玛瑙盘。
待尔未来抛梦起，遣愁无计借书看。
情惟一往深如许，魂不胜销死也难。
弹尽泪珠犹道少，细思于我甚相干？

〔按〕金逸，字纤纤，江苏长洲人，嫁秀才陈基（号竹士），夫妇唱和甚勤，著有《瘦吟楼诗搞》四卷，嘉庆年间刊。她是袁枚的女弟子之一，年仅25岁卒。

范淑——

题直侯所评《红楼梦》传奇

独立苍茫愁里住，古今一个情回护；
别抒悲愤入稗官，先生热泪无倾处。
潇湘水上发蘅芜，香草情怀屈大夫；
天名离恨无由补，泪洒苍梧竹欲枯。
繁华馨艳传千载，买椟还珠可胜慨！
作者当年具苦心，那知竟有知音在。
天机云锦妙无痕，指月拈花与细论。
情里夺来南董笔，梦中吟醒石头魂。
说部可怜谁敢伍，庄骚左史同千古！
纷纷说梦几痴人，请君一听鲸鱼声。

〔按〕范淑（1821—1846），字性宜，号种菊秋农，江西德化人。其兄元亨，字直侯，曾作《红楼梦评批》三十二卷（稿本已佚）。这首七言歌行为其兄《红楼梦评批》而写，用笔双管齐下，既说范元亨，又说曹雪芹。她认为《红楼梦》堪比《庄子》《离骚》《左传》《史记》，实属独具慧眼。

《红楼梦》面世不久，突然涌现出一大批女诗人，不顾舆论的压力，歌咏《红楼梦》，赞赏曹雪芹，这在文学史上极其罕见。为什么会出现这样一道奇特靓丽的风景线呢？

我们还记得，800多年前，金朝大诗人元好问在《摸鱼儿·雁丘词》中有感于鸿雁殉情，脱口问道：“问世间，情为何物，直教生死相许？”然而历经元明两朝，从未有人对这千古一问给出过让人满意的回答。直到曹雪芹，才揭破这一谜底，答案就在《红楼梦》中。因为女性天生以“情感为生命”，所以《红楼梦》的故事，特别是宝黛因情而生、为情而死的悲剧，特别地搅动了咏红女诗人心底的感情洪流。其真情流露为诗，缠绵悱恻，感人至深。从这一特殊现象，我们就不难更加深刻地洞察曹雪芹是一位怎样的作家，《红楼梦》是一部怎样的著作。

【注释】

〔1〕本节文史资料主要来自（清）张廷华（号虫天子）辑录的《香艳丛书》和一粟编著的《红楼梦书录》等。引文不逐一注明出处。

〔2〕此语系道光年间《文章游戏》初编卷六《红楼梦歌》按语。

〔3〕潘德舆：清代诗文家、文学评论家，字彦辅，号四农，江苏山阳（今淮安）人，有《养一斋集》。

〔4〕见台湾吴盈静女士《清代闺阁红学初探》。

〔5〕陈其元：字子庄，号庸闲，出生于浙江海宁望族，任直隶知州，后受江苏巡抚丁日昌青睐，先后代理南汇、青浦、上海几个县的县令。所著《庸闲斋笔记》辑录史料较丰富。

〔附录一〕 曹雪芹年谱

公元纪年	历史年表	雪芹行止	家事与交游	国　事
1715	康熙五十四年乙未	是年六月初三，雪芹生。乳名天佑，名霑，字雪芹，号梦阮、芹圃，又号芹溪居士。	曹颙年初病故，享年21岁。康熙降旨命曹宜子頫继任江宁织造。頫上表言：“嫂马氏，因现怀妊孕，已及七月……将来倘幸而生男，则奴才之兄嗣有在矣。”又过三月，即产期，其兄嫂生男，是为雪芹。	准噶尔汗策妄阿拉布坦入侵哈密。
1716	康熙五十五年丙申	雪芹二岁。		
1717	康熙五十六年丁酉		頫舅李煦接任两淮巡盐御史。	禁天三教。擒白莲教徒李兴邦。
1718	康熙五十七年戊戌	雪芹四岁。		杀翰林院检讨朱天保。册封尚敬为琉球国王。以皇十四子胤禵为抚远大将军率军进驻青海，年羹尧为四川总督，率兵援西藏。

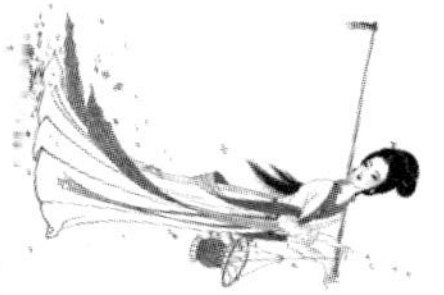

公元纪年	历史年表	雪芹行止	家事与交游	国　事
1719	康熙五十八年己亥	雪芹五岁。		康熙巡塞外，俄帝遣使出使中国。
1720	康熙五十九年庚子		曹頫上折，康熙批曰："近来你家差事甚多，如瓷器珐琅之类……今不知骗了多少瓷器！"	分兵进藏平叛。清政府为六世达赖颁发金印。
1721	康熙六十年辛丑		大学士熊赐履于1709年病故，上谕李煦、曹頫周恤其遗属。	朱一贵率众在台湾起义，水师提督施世骠平之。
1722	康熙六十一年壬寅	雪芹八岁。	上命巡盐御史魏廷珍核实曹、李侵蚀课银32万两事，魏廷珍据实上奏康熙，认为"曹李任满，例应除之"。	春正月赐千叟宴。十一月康熙驾崩。皇四子胤禛继位，是为雍正。
1723	雍正元年癸卯	雪芹九岁。	苏州织造胡凤翚继李煦任。督臣查弼纳查追审理李任内亏空。	青海反，年羹尧、岳钟琪发兵讨之。雍正继位，一反康熙所为，开始清算前帝亲信。苏州织造李煦被抄家，家口奴仆尽赐年羹尧。
1724	雍正二年甲辰	雪芹十岁。		青海平。置办事大臣于藏。封李昑为朝鲜国王。

公元纪年	历史年表	雪芹行止	家事与交游	国　事
1725	雍正三年乙巳			革隆科多太保职，贝子胤禟爵。诛年羹尧。
1726	雍正四年丙午	雪芹十二岁。		因文字狱，礼部侍郎查嗣庭获罪，并下诏停止浙江省乡试、会试。鄂尔泰平定贵州苗寨叛乱。苏州织造胡凤翚获罪籍家。
1727	雍正五年丁未	雪芹十三岁。冬，亲历抄家劫难。	曹頫在江宁织造任。三月，李煦流放。十二月，頫罢官。	开闽海禁。与俄签订《恰克图条约》。隆科多下狱，被永远禁锢。
1728	雍正六年戊申	雪芹十四岁，随养父曹頫移居北京。	曹家籍没，返京居蒜市口（今崇文门）老宅。接替曹頫职务的隋赫德上奏：“细查其（曹家）房屋并家人住房十三处，共计四百八十三间；地八处，共十九顷零六十七亩；家人大小男女，共一百十四口。”	田文镜总理豫、鲁省务。川陕总督岳钟琪平定四川叛乱。
1729	雍正七年己酉	雪芹十五岁。居京城。	敦敏生。	

公元纪年	历史年表	雪芹行止	家事与交游	国事
1730	雍正八年庚戌			因文字狱杀庶吉士徐骏。
1731	雍正九年辛亥	雪芹十七岁。		西北军情频发。增设四川总督。
1732	雍正十年壬子			吕留良死后 49 年，因文字狱诛吕九族。宁远大将军岳钟琪被革职，交刑部拘禁。
1733	雍正十一年癸丑	雪芹十九岁。		曹雪芹姑表兄福彭为定边大将军，军机处行走，七月讨噶尔丹。方苞为内阁学士。
1734	雍正十二年甲寅	雪芹二十岁。	敦诚生。	杀河南学政俞鸿图。
1735	雍正十三年乙卯	雪芹二十一岁。	雪芹叔祖父曹宜官护军参领兼佐领加一级。曹頫复起，官内务府员外郎。	秋，雍正崩，乾隆即位，凡雍正朝获罪者，皆蒙赦优抚。福彭还京。
1736	乾隆元年丙辰	雪芹二十二岁。		乾隆亲试博学鸿词。
1737	乾隆二年丁巳			赏平郡王福彭奉国将军世职。以大学士鄂尔泰、张廷玉等为军机大臣。封黎维祎为安南国王。

公元纪年	历史年表	雪芹行止	家事与交游	国　事
1738	乾隆三年戊午	雪芹二十四岁。与皇室宗族子弟交游，当在此期间。		启用岳钟琪为四川提督。
1739	乾隆四年己未	雪芹二十五岁。亲历二次抄家。经此再挫，萌生撰写《红楼梦》之意。在虎门右翼宗学供职，亦当在此前后。	曹頫任职内务府，因受庄亲王胤禄与弘晳等皇室子孙的“谋逆”案牵连，被二次抄家，从此一蹶不振。	庄亲王胤禄坐罪革职。
1740	乾隆五年庚申	雪芹二十六岁。在右翼宗学。		
1741—1744	乾隆六年辛酉—九年甲子	雪芹二十七岁—三十岁。	1744年，敦诚十岁，入虎门宗学就读；敦敏十五岁，已是在校生。	提督鄂善受贿赐死。安置准噶尔降人于宁古塔。
1745	乾隆十年乙丑	雪芹三十一岁。甲戌脂本第一回有“至脂砚斋甲戌抄阅再评”，上推十年，当本年，即知《石头记》初稿已成。	敦氏兄弟入宗学。	
1746—1750	乾隆十一年丙寅—十五年庚午	雪芹三十二—三十六岁。离开右翼宗学当在此前后。		帝奉太后命巡五台山。东巡至德州，皇后病死。命大学士傅恒与岳钟琪往讨金川。

公元纪年	历史年表	雪芹行止	家事与交游	国　事
1751—1756	乾隆十六年辛未—二十一年丙子	雪芹三十七—四十二岁。在此五六年间，与妻辗转流离于京城，生计维艰。脂砚斋三评《石头记》。	乾隆二十一年，敦氏昆仲宗学考试成绩优异。	帝奉太后命南巡，渡钱塘江祭禹陵。渐次平定西南土司叛乱。岳钟琪卒军中。张廷玉卒。
1757	乾隆二十二年丁丑	雪芹四十三岁。是年前后，移居西郊。先后迁居于健锐营、北沟村、正白旗38号院等地。畸笏叟首批《石头记》。	敦诚受父命分司喜峰口松亭关税务，秋，作《寄怀曹雪芹》，有“不如著书黄叶村”句。	乾隆南巡苏杭。云贵总督恒文以贪纵赐死。
1758	乾隆二十三年戊寅	雪芹四十四岁。是年春夏，迁居白家疃。不幸发妻亡故，遗一幼子。		
1759	乾隆二十四年己卯	雪芹四十五岁。是年有南京之行。脂砚斋四评《石头记》。	张宜泉《和曹雪芹西郊信步憩废寺原韵》或作于是年。敦诚随父回京闲居。	
1760	乾隆二十五年庚辰	雪芹四十六岁。回京再婚，朋友送书箱志贺。脂砚斋写定四评《石头记》，是为庚辰本。	是年秋，敦敏遇雪芹于明琳养石轩，作《题曹雪芹》及《题芹圃画石》。	置伊犁将军管理新疆地区。阿桂为都统，总理新疆事务，行屯田制。

公元纪年	历史年表	雪芹行止	家事与交游	国　事
1761	乾隆二十六年辛巳	雪芹四十七岁。	二敦同访雪芹于西山其家，各留诗《赠曹雪芹》（敦诚）、《赠芹圃》（敦敏）。同年秋，敦敏再访不遇，留诗《访曹雪芹不值》。是年秋，雪芹回访敦敏，宿槐园。敦诚晨至，同饮甚欢，雪芹作长歌为谢。敦诚亦赋《佩刀质酒歌》唱和。	紫光阁成，置百名功臣画像于阁中。帝西巡至五台山。
1762	乾隆二十七年壬午	雪芹四十八岁。畸笏叟二评《石头记》。		乾隆南巡至海宁。
1763	乾隆二十八年癸未	雪芹四十九岁。中秋前，爱子夭折于是年天花疫，感伤成疾，除夕夜纵酒而亡，继室作《悼亡诗》祭奠。是年除夕为公历1764年2月1日。	是年初，上巳前三日，敦敏作《小诗代简寄曹雪芹》，邀其赴槐园赏花。	
1764	乾隆二十九年甲申	脂砚斋最后一次评红，写下“甲申八月泪笔”，未几辞世。	敦诚作《挽曹雪芹》、张宜泉作《伤芹溪居士》。	大学士兆惠卒。续修《大清一统志》。

公元纪年	历史年表	雪芹行止	家事与交游	国　事
1765	乾隆三十年乙酉	畸笏叟第三次评红。	敦敏作《河干集饮题壁兼吊雪芹》。	乾隆南巡至杭州。
1767—1771	乾隆三十二年丁亥—三十六年辛卯	畸笏叟第四、第五、第六次评红。		

注：年谱中曹雪芹之岁数，依惯例皆以虚岁计，正文则为周岁，特此说明，以免误会。

〔附录二〕 20 世纪 60 年代的一桩红学疑案

曹雪芹活着的时候，贫困潦倒，“举家食粥酒常赊”，穷得连家室都养不起，晚年子夭妻丧，年未半百，抱恨而终，竟连自己倾毕生心血撰写的《红楼梦》都不能完稿，也来不及托得力之人珍藏，遑论付梓问世了。然而在他身后，躺在他的尸骨上，靠他的余泽讨生活、发财、成名的又有多少人啊！

《红楼梦》及其作者的身世之谜把这种可悲的现象推演到了极端。红学界诸公，就版本、脂批不厌其烦地考证、辩争，找到有关曹公身世遗物的片言只语便大做文章，攻讦辨伪；一旦据为己有，便秘不示人，红学家们也一拥而上，无所不用其极，像武林高手打打杀杀，寻找稀世宝藏或武林秘籍一般热闹。

20 世纪 60 年代，曾经发生过一起《靖本石头记》得而复失的疑案。为调查、寻找这一珍本秘籍，原藏者、红学家、新闻记者以及所有与之有关的人互相猜忌、攻击，到了剑拔弩张的地步。可是，冷眼旁观的读者透过双方言之凿凿的披露或答辩，不难体察出：一定有人出于私心，从中做了手脚，从而使这一部《红楼梦》抄本得而复失，成了一桩疑案。

这一疑案之始末大致如下：

南京的靖山（化名），其上世为旗籍官家，父居南京。祖辈珍藏一抄本《石头记》，上有朱批，很多批语不为现存诸脂本所有，或虽有而文字大有差异。1959年夏，靖家朋友毛君（化名）借阅并摘录了“有正本”未载的150条批语，不久即完璧归赵。1964年初，因受俞平伯一篇文章的启发，他将所见之抄本与批语告诉俞老。俞老和周汝昌先生确认了抄本及批语的价值，引起海内外学人重视，并名之曰《靖本石头记》，以别于其他抄本。

1964年4月，俞老写信询问此书，靖氏家人说：“我们知此书的珍贵，可是在家遍翻不得，只是偶然在《袁中郎全集》中找到从‘靖本’书中脱落的一张贴条——‘夕葵书屋《石头记》残页’，而‘靖本’从此不得而知。”

这期间，发生了两起与《靖本石头记》遗失直接有关的事。其一：1963年春节过后，靖家托其在旧居时的房东陈州（化名，时在呼和浩特市任教）、陈勉（化名，时在呼和浩特市上大学）昆仲节后回内蒙古时顺路捎一部书给俞平伯。是什么书，不知陈氏昆仲打开看过没有，接手时书已捆好，也未精心包扎。二陈到北京后，给俞打电话，一小时后，“一位中年妇女来找我们，自称是某先生的女儿。她说：‘我爸爸有病不能来，叫我来了。’

我们当即把书给了她，就返回内蒙古了”（陈氏语）。

为什么要让并不认识俞的人捎书？毛君说：那是他于1964年在北京时向俞老借的一部《红楼梦稿》，俞老催还。他不认识二陈，于是请靖家托陈氏兄弟顺便代还，并抄录了俞给他的明信片证明之：“今日上午得陈同志自车站来电话，带来《红楼梦稿》。同日下午由小女前往洽取，已收到矣。此书颇重，约有十斤。捎致颇不易也。知悉，奉闻。有一收据已付陈君。”

其二，靖家以前住的是陈家的私房。他家放书的阁楼因属陈家，1962年前后陈家拆卖楼板，靖氏的藏书原本和陈家的杂物堆在一起，拆楼板时，书物各归其主。

总之，《靖本石头记》就这样稀里糊涂地丢失了。接下来便开始艰难地求索书稿了。《南京日报》记者严宗（化名）不辞艰辛地开始了调查，并不断将调查情况函告周汝昌。靖氏家族不必说，毛、陈自然都是重点调查对象。

周根据严提供的情况，于1986年1月号《明报》月刊上发表《〈靖本石头记〉佚失之谜》。周文引起靖氏一家的不满，于同年同刊的6月号上发文《答周汝昌〈《靖本石头记》佚失之谜〉》予以痛斥。两文对照阅读后，让人不禁掩卷长叹，殊为惋惜！

周老为红学建树颇多，文章也写得好，就此文来看，旁征博引，重在考证、质疑，决不涉嫌功利，处处流露出知识分子特有的清高和对红学的深情。可是不知这样一位老于笔墨的学者，何以在文章中竟会出现令人费解的纰漏？比如他在文后注明：“一九八三（年）、七（月）、廿四（日）酷暑中初稿毕。一九八五（年）、八（月）、廿二（日）改定”，可是在文章的开头却写道：“一九八四年十二月十三日，我收到尹先生的一封来信”云云。细看引述的信的内容，可知这是尹（即严宗）给他的第一封信。他起手就说：“这个‘异闻记’，实以南京尹先生的采访调查报告为基本主体，我是一个受益的运用者……其中的每一句话，都有确凿的根据，调查记录或录音由尹先生妥存，其他文献原件皆在我处保存。”这就是说，周在严于1984年底提供全部材料之前，即1983年夏，就已经将这篇文章写好了。这是怎么一回事呢？

也许是疏漏吧？周文千方百计要证明的结论其实只有一个：按严调查的结果，二陈带给俞的那捆书很可能就是《靖本石头记》，因此书落到了俞手里。靖家先说“可能是”，后又坚决否认，并让毛君作证，又从时间上（1965年初）和所带书卷的重量（7.3公斤），开本（12开）上予以否决；而捎书人则说，是在1963年初，十厚册，约一尺高，十斤重。周以重量、册数、开本否定了所捎之书决非《红楼梦稿》，那么只能是《靖本石头记》了。

靖家夫妇的答辩自然不像周文那么严密，且多大字报式的攻击之辞，诸如“以研究‘红学’专家自居，现在竟挥动如椽大笔向‘靖家儿媳’扫来”，“用这种‘闪烁不定’的语言来丑化我们的人不是神经过敏，就是别有用心！”，等等。但是靖氏倒很率直，指出了隐藏在寻觅这一“国宝”闹剧后的种种不那么高洁的内心活动。

比如周老，1983年底，在南京举办的全国红学会上见到靖氏父子时说：“你家的书已卖了，你们也不一定知道书的下落。”（很奇怪，卖主不知道，谁知道呢？）这就涉及有人倒卖“国宝”这样一个实质性的问题了。

又比如陈氏昆仲，1983年，陈勉对靖山的儿子说：“听说胡适的十六页残本现存放美国，连保险金都交四万美元。你家这个抄本要是找到了，就是贡献给国家，至少要奖励十万元，到时候可别忘了我们。”直言不讳是为利而来，有些敲竹杠的味道了。

靖文以愤慨的言辞否认靖家把《靖本石头记》“让赠”给俞，又十分坚决地肯定他家祖传有这么一本稀世秘籍。那么总不能连自己也说不清哪去了吧？从下面这段调查记录，读者不难猜测出他们的言外之意。

“靖山说：一九六四年北京某先生（即俞平伯）从毛君处得知我家藏有抄本《石头记》后，靖山分析有两种可能：一是被不识字的老伴当废纸卖掉了，但老伴直到一九八零年春去世前都坚决不承认有此事——这时靖山的小儿子插话道：‘这不可能，我妈卖旧书时都由我过

目的，我没见过这套书。’”（引自周文）

“靖山接着说：二是可能被别人‘顺’去了。因为当时我根本不把这套书当一回事，就放在阁楼上，而我的家境窘困，没有什么贵重之物，因此房门也是不大落锁的。我在家不在家，朋友们都任意常来常往，是不是有人趁我不在时‘顺’走了？”（引自周文）

靖山之子夫妇二人就说得更具体了：“1962 年前后，陈家拆卖楼板时，因我家书多，当时我们也没有重视，他们曾搬走了不少书。‘靖本’是否在这时迷失，难以断言。这一情况尚未为外界所知，特补充说明。”（引自靖文）

明眼人不难看出，靖氏父子怀疑有人趁他们家居仄逼，书籍与陈家杂物堆放在阁楼上，拆阁楼时被陈家或什么人“顺”走了。但这只不过是猜测而已。

然后靖家严正声明：“受法律保卫的书的所存权仍然是我们的。……如果‘靖本’今后在其他任何人手中被发现，都可以断言其来路不正，我们有权利弄清楚其人得书的来历。我们这样说并不是想将‘靖本’据为私有，只是表明我们绝对没有隐藏、转移或私卖这部‘国宝’。”

今天，站在局外的我们，心无名利杂念地看这桩疑案，就不会像局中人那么偏执，较能冷静地提出种种质疑，同时不免为之感慨唏嘘。

不管实情如何，作为对“红海诡波”甚为反感的芸芸众生的我们，从轰动海内外的这桩红学公案上所体味到的只是悲怆：不幸的曹雪芹在其生前，是死是活都无人过问，连一部残缺散破的手稿都无法妥存，死后人们忽然发现他的遗物，哪怕是一块尸骨（可惜他没有留下遗骸）也能让人名利双收，于是就开始了越演越烈的“闹剧”。君不见在这部所谓的《靖本石头记》到底有没有还是个问题的情况下，毛君借150条过录的所谓“朱批”，不是已经俨然成了一个红学家，并在1986年南京的红学会上，成了“纪念曹雪芹逝世二百二十周年学术讨论会”的“中心人物”之一了吗？

（本文参考海内外多篇文章综合而成，篇名不一一标出。）

后　记

不同时期、不同阶层的读者持久不懈地迷恋同一部小说，这在我国文学史上，只有《红楼梦》。就连伟大领袖毛泽东都那么喜欢这部小说，他不但自己读了五遍，还一再向将帅们推荐。他曾对贺龙说："中国有三部名小说，《三国演义》《水浒传》和《红楼梦》，谁不看完这三部小说，不算中国人！"在长征途中，他把许多书都丢了，唯独保留着《红楼梦》。卓越的革命家瞿秋白在英勇就义前写下的《多余的话》中，以无比悲怆的心情留下的最后一段话就是："托尔斯泰的《安娜·卡列宁娜》……曹雪芹的《红楼梦》，都很可以再读一读。"然而读懂《红楼梦》，进而研究《红楼梦》，谈何容易！

红学家刘梦溪说："《红楼梦》是这样一部作品——拿起来，就休想放下；红学是这样一门学问——钻进去，就不容易出来。"是啊，这朵文学史上的奇葩，让人着迷的东西太多太多；而红学与曹学的研究，姑且不说资料之极度稀缺，即便好不容易找到一些，也杂乱舛错，真伪莫辨。现有的红学研究的专著、论文汗牛充栋，汪洋恣肆，令人眼花缭乱。即便你有时间、有精力通览这些资料，反而会产生“烟笼寒水月笼沙”的迷茫感。既然红学界乱象丛生，良莠难分，何不采取科学的方法，直接从曹雪芹和他的至亲好友提供的原始资料入手，探索他的心灵历程和人生轨迹呢！当我尝试这样做以后，意外地获得了一种“夜半钟声到客船”的惊喜。奉献在读者手上的拙作，就是在这样的指导思想下，采用这样的方法完成的。

所幸在撰写本书的过程中，得到了同行武连生和蔺小英的热情支持。特别是责编蔺小英，为对读者负责，她查阅了大量文史典籍，对全书的每一个细节予以核实。她的这种一丝不苟、认真负责的敬业精神，令我肃然起敬。

撰稿期间，大学好友唯真、小白贤伉俪多次与我谈论起他们去北京香山参观曹雪芹故居的感想，并与孙九星披阅初稿，纠正书中的错误。牛占彪同学也证实历法中一年有两个春节这种特殊现象。尤其应当感谢的是诗友王文汇，对书稿中的若干重要论点，与我反复商榷，并查找资料予以佐证，比如对乾隆二十八年癸未有两个春节的核实，对“马氏遗腹子”错误说法的纠正等。客观地说，《诗说曹雪芹》一书的完稿，她功不可没。

一言以蔽之，凡是对本书的撰写、校改和完善给予热情支持的同好，在此致以真诚的感谢。千言万语，难以一一表述，聊赋七律，谨致悃诚。

骚人墨客说红楼，探骥吹毛刻意搜。
学者大摆迷魂阵，石兄叹气又摇头。
难填欲壑今同古，痴慢贪嗔欲何求。
天地悠悠谁似我，知音难觅泪还流。

2016年秋初稿，2017年春三稿于半松斋